국립 목포해양대학교
MOKPO NATIONAL MARITIME UNIVERSITY
海洋文化政策硏究센터

청소년바다문고 2

이순신, 옥포에서 노량까지

김주식 지음

KW 교우미디어

국립 목포해양대학교
MOKPO NATIONAL MARITIME UNIVERSITY
海洋文化政策硏究센터
청소년바다문고 • 2

이순신, 옥포에서 노량까지

초판 인쇄 / 2015년 6월 5일
초판 발행 / 2015년 6월 10일

지은이 / 김주식
펴낸이 / 오상훈
펴낸곳 / 교우미디어
출판등록 / 제305-2011-000007호
주소 / 서울특별시 동대문구 약령시로 8 교우빌딩 2층
전화 / 925-2866(대표), 925-2825(편집부), 969-5762(홈쇼핑)
팩스 / 925-2860
이메일 / kyowoo@kyowoo.co.kr
홈페이지 / http://www.kyowoo.co.kr
북스토어(쇼핑몰) / http://www.kyowoo.co.kr

ISBN 979-11-85417-08-0 (44400)
979-11-85417-06-6 (세트)

값 **8,000**원

간행사

2014년 4월 16일은 우리 해양사에서 결코 잊혀지지 않을 비극의 날로 기록될 것이다. 그러나 이러한 비극적인 일이 바다에서 일어났다고 해서 우리가 바다를 경원시하거나 두려워해서는 안 될 것임은 분명하다. 지난 두 세대 동안 우리나라의 해양산업은 조선 세계 1~2위, 해운 세계 5~6위, 수산 세계 12~13위권으로 성장하였다. 그러나 해양계에서는 정부와 국민의 해양인식이 매우 낮다는 사실을 지적하고, 삼면이 바다인 우리나라가 한 단계 도약하기 위해서는 바다를 적극적으로 이용하고 개척해야만 한다고 주장해 왔다. 이런 상황에서 발생한 '세월호' 사고는 우리 국민들의 배와 바다에 대한 인식을 기존 보다 더 악화시켜 버린 결정적인 계기가 될 것이다.

그러나 우리가 배와 바다를 멀리 하려해도 부존자원이 적고, 자체 내수 시장이 작은 우리의 현실에서는 배를 통해 원자재를 수입해서 완제품을 만들어 해외로 수출하지 않으면 안 되는 경제구조를 갖고 있다. 그러한 까닭에 우리는 배와 바다를 단순히 교통수단이나 교통로로 이용하는 데 그칠 것이 아니라, 연구하고, 도전하고, 이용하고, 투자하여 미래의 성장 동력이자 우리의 삶의 터전으로 삼지 않으면 안 된다. 이러한 사실을 기성세대에게 인식시키는 데는 많은 노력을 기울여야 하는 데 반해, 그 효과를 기대하기는 어렵다. 따라서 우리의 미래를 짊어질 다음 세대들에게 바다의 역사와 문화, 배와 항해, 해양 위인의 삶과 역사적 의미 등을 가르쳐 배와 바다를 아끼고, 좋아하고, 도전하고, 연구하는 대상으로서 자기 삶의 일부로 친근하게 느낄 수 있도록 교육하는 일이 무엇보다 중요하다. 왜냐하면 우리의 미래를 이끌고 갈 주인공이 청소년들이기 때문이다.

다른 분야와 마찬가지로 우리의 청소년들이 지식과 사고력을 기르는 기본 도구인 교과서에 해양 관련 기사가 매우 적다는 것은 익히 알려진 일이다. 그나마 교과서에 포함된 장보고나 이순신, 울릉도와 안용복 등의 기사도 교과서의 특성상 한 쪽 이상을 넘어가기는 매우 어렵다. 이러한 두 가지 점에 착안하여 우리의 미래를 이끌어갈 청소년들에게 교과서에서 미처 배우지 못한 배와 항해, 해양문학, 해양역사, 해양위인, 해양문학과 관련된 내용을 배울 수 있는 부교재로 청소년바다문고를 간행하게 되었다. 초등학교 고학년부터 고등학생에 이르기까지 국어, 국사, 사회 등의 교과서에 실린 바다 관련 기사의 내용을 보완하는 부교재로 널리 활용되기를 바라는 마음 간절하다. 이 청소년바다문고 시리즈가 간행되는 데 재정 지원을 해주신 트라이엑스(주)의 정헌도 사장님과, 도서출판 교우미디어의 오판근사장님과 편집부 직원들에게 감사의 말씀을 전한다.

2015. 새봄

국립목포해양대학교

해양문화정책연구센터

센터장 김 성 준

머리말

오늘날 우리는 전국에 많이 세워져 있는 동상, 한때나마 우리를 열광하게 하고 속이 시원하게 해준 드라마와 영화 혹은 만화나 소설, 방방곡곡에 있는 유적지와 그 표시판, 우리가 일상에서 사용하고 있는 우표와 지폐 및 화폐, 주변에서 쉽게 볼 수 있는 거북선 모형 등을 통해 이순신을 접하고 있다. 그와 관련된 것들이 너무 흔하고 쉽게 볼 수 있기 때문에, 언제부터인지는 몰라도 우리는 그를 가장 존경하고 친숙한 위인으로 생각하고 있다. 그러기에 우리 스스로가 그를 잘 알고 있는 것처럼 생각하고 있는 것은 당연한 일이다.

불행하게도 실제는 그렇지 못하다. 우리 중에는 이순신을 체계적으로 공부해 본 사람이 거의 없다. 우리가 막상 이순신을 설명하려고 하면 말이 막히고 더듬거리게 되는 것은 바로 이 때문이다. 이것이 우리가 자랑스럽게 여기고 세계에 자랑하는 이순신을 얼마만큼 알고 있는지에 대한 실상이다.

이 책은 이순신에 대해 더 자세히 알 수 있도록 하기 위해 집필되었다. 그런데 초등학생부터 고등학생까지 읽을 수 있는 위인전을 집필하는 것은 무척 어려운 일이다. 그럼에도 나는 교사와 학부모도 읽을 수 있게 해야겠다는 욕심을 부렸다. 모험이 아닐 수 없다. 그러기에 이 책은 위인전이자 참고서이고, 학생용이지만 성인용이기도 하다는 모순된 성격을 갖고 있다.

특별히 이 책은 전쟁과 전투에 초점이 모아져 있다. 또한 이 책은 사료를 바탕으로 이야기를 풀어나가고 있다. 이 책에서 독자들에게 낯선 옛날 용어들이 나타나고, 문장이 부드럽지 못하며, 독자들이 이해하기 어려운 전문 용어들이 발견되는 것은 이 때문이다. 따라서 독자들이 이 책을 읽고 이것이 과연 위인전인가 하고 의문을 제기한다면, 그것은 전적으로 내가 과욕을 부린 탓이다. 이 비난들이 쏟아진다면, 나는 세월이 지나서도 읽을 수 있다는 장점이 이 책에 있다는 것으로 구차하지만 변명하고 싶다.

2015. 새봄

김 주 식

차 례

1
최악의 상황에서 역사상 가장 위대한 승리를 하다

"안 위야, 군법에 따라 죽고 싶으냐. 네가 군법에 죽고 싶으냐? 도망간다고 살 수 있을 것 같으냐?"

130여 척의 적선이 해남의 땅 끝에서 서쪽에 있는 어란진을 출발하여 명량 수로에 진입하자, 12, 3척뿐이었던 조선 수군은 두려워 슬슬 뒤로 물러섰다. 이순신이 탄 기함 즉 대장선만 많은 적선에 둘러싸여 싸우고 있었다. 이순신은 호각을 불고 초요기를 세워 전선들을 불렀다. 이순신은 먼저 거제 현령 안위가 지휘하는 전선이 가까이 오자 위에서 말한 것처럼 호통을 쳤다.

이어서 미조항 첨사 김응함이 지휘하는 전선이 다가오자, 이순신은 다시 호통을 쳤다.

"너는 중군장으로서 멀리 후퇴하고 대장선을 구하지 않으니 네 죄를 면할 수 있을 것 같으냐? 즉결 처형해야 마땅하지만, 전투가 급하므로 먼저 공을 세울 기회를 주마."

깜짝 놀란 조선 수군의 장수들은 전선을 대장선에게 접근시켰다. 그들은 아군의 전선에 오르려 하는 적군들을 몽둥이로 후려치고, 긴 창으로 찌르며, 돌을 던졌다. 이순신 휘하의 전선들은 적선들에 대해 총통을 발사하고 활을 쏘았다.

장졸들은 한나절동안 기진맥진하여 초죽음이 될 때까지 죽을힘을 다해 싸웠다. 한참 싸움이 전개되고 있을 때, 해남의 땅 끝에서 목포를 향해 흐르던 조류가 방향을 바꾸어 목포에서 땅 끝을 향해 흐르기 시작했다. 조선 수군은 우수영 앞에 있는 작은 섬 양도와 학동리 숯구머리 사이의 해역에 진을 치고 있었다. 그곳은 조류의 영향을 거의 받지 않는 곳이었으며, 그곳에

전라남도 해남군에 있는 전라우수영의 모습

서 조금만 더 밖으로 나가면 조류의 영향을 피할 수 없었다.

양도는 명량 수로에서 우수영으로 들어가는 입구와 명량 수로의 길목에 위치하고 있는 아주 작은 섬이었다. 일본 함대는 양도 주변에 있는 조선 함대를 그냥 지나칠 수 없었다. 그대로 지나친다면 측면이나 배후에서 조선 함대로부터 공격을 당할 수 있었다. 또한 수로를 통과한 일본 수군의 선발대와 그 뒤에서 따라오고 있는 주력함대 사이의 연락과 보급로가 차단될 위험이 있었다. 하물며 그토록 패배를 안기고 죽이고 싫어 하던 이순신이 형편없는 병력을 가지고 눈앞에 있으니, 일본 함대로서는 이순신을 죽이고 그에게 설욕할 수 있는 더 없이 좋은 기회였다.

명량 수로는 폭이 300미터이고 양쪽 육지 쪽에 암초가 많은 협수로였다. 조류가 강할 때에는 소용돌이가 일어나고 우뢰 같은 굉음이 들려 울돌목이라고도 불리었다. 해전 당일인 1597년 9월 16일 조류의 최대 속력은 해남에서 목포로 흐르는 밀물 때 7.4노트(시속 14km)였다. 그 반대로 흐르는 썰물 때에는 최대 속력이 11.5노트(시속 22km)였다. 오늘날 기관을 이용하여 추진력을 얻는 일반 여객선의 속력이 15노트(시속 23km) 미만인 것을 생각하면, 이 정도의 조류 속도는 대단히 빠른 편이었다. 노나 돛으로 추진력을 얻고 선저가 평저상태였던 판옥선이나 사후선은 앞으로 나가지 못하고 오히려 뒤로 밀릴 수밖에 없었다. 물론 일본의 대형 전선인 아다케부네와 중형 전선인 세끼부네도 마찬가지 상태였다. 이순신은 한 해 전인 1596년 사도 도체찰사 이원익의 시찰을 수행하던 중 우수영에서 8월 26일부터 28일까지 3일간 머무른 적이 있었다. 바로

김용환 화백이 1980년에 그린 명량 해전도

그때 이순신은 울돌목의 위력을 직접 눈으로 볼 수 있었다.

시간이 흐를수록 명량 수로의 조류가 더 빨라졌다. 좁은 수로에 빈틈이 없을 정도로 몰려있던 적선들은 조류에 밀려 본의 아니게 뒤로 밀려났다. 타를 사용해도 배의 방향을 유지할 수 없었다. 적선들은 서로 엉키면서 충돌하기 시작했다. 조류가 빨라질수록 적 함대는 더 빠른 속도로 밀렸으며, 적 함대의 진영은 그

만큼 더 아수라장이 되어버렸다. 이 해전에서 일본 수군의 전선 133척 중 31척이 조선 수군의 공격과 조류에 의해 격파되었다. 남은 100여 척의 일본 전선만 정신을 차리지 못한 채 후퇴해 버렸다. 적장 중 한명인 구루시마 미치후사가 이 해전에서 죽었다.

그 해 2월 6일 선조는 이순신을 체포하라고 명령했다. 죄목은 조정을 속이고 임금을 업신여겼으며, 적을 쫓아 공격하지 않았고, 남의 공을 가로채고 남을 모함했으며, 한 없이 방자하고 거리낌이 없다는 4가지였다.

선조는 이순신을 절대 용서하지 않을 생각이었다. 당시에 투옥된 상태에서 고문을 당하고 심문을 받으면, 누구든지 정상적으로 활동할 수 없고 그 후유증으로 시름시름 앓다가 죽는 일이 흔했다. 이순신은 한산도에 있는 통제영에서 진해만 가덕도 근해로 출동을 나갔다가 돌아오자마자 한성에서 내려와 미리 대기하고 있던 금부도사들에 의해 26일 한산도에서 체포되었다. 그리고 8일 후인 3월 4일에는 한양의 의금부에 하옥되었다. 그는 한 차례 고문을 당했다. 지중추부사

정탁은 이순신을 살려야 한다는 내용으로 상소문을 올렸다. 영의정 유성룡, 도체찰사 이원익, 전라우수사 이억기, 전 통제사 종사관 정경달 등 많은 인사들도 구명운동을 펼쳤다. 이처럼 여러 사람들의 노력덕분에 이순신은 죽음을 면하고 4월 1일 출옥할 수 있었다.

이순신은 출옥하자마자 도원수 권율 밑에서 백의종군하라는 명령을 받았다. 그런데 이순신은 백의종군지로 가는 도중 어머님의 별세 소식을 들었다. 그러나 죄인의 몸이라 잠깐 들러 장례 준비를 마쳤을 뿐, 상을 치르지 못한 채 발길을 재촉하여 초계로 가야만 했다.

한편, 이순신의 후임자로 삼도수군통제사가 된 사람은 원균이었다. 그는 왕과 조정의 독촉에 마지못해 함대를 지휘하여 부산 해역으로 출동을 나갔다가 7월 16일 칠천량에서 일본 함대의 야간기습작전과 포위협격작전에 의해 대패했다. 이 해전에서 조선 수군의 전선 160척이 격파를 당했다. 전라우수사 이억기와 같은 많은 장수들과 병졸이 전사했고, 통제사 원균은 뭍으로 달아나다 죽었다. 이 해전의 패배로 삼도수군통제영은 이순신이 체포될 때 원균에게 인계해주었던 전선과 병력의 거의 대부분을 잃었다. 거북선도 이때 모두 잃었다.

이순신은 7월 18일 새벽 도원수의 중군장 이덕필과 군관 변홍달로부터 이 패전에 관한 소식을 들었다. 그러니까 그는 해전이 발생한지 이틀 후에 패전 소식을 들었는데, 조정보다 4일 먼저 들었던 셈이다. 이순신은 "통곡을 참을 수 없었다." 도원수 권율이 직접 이순신에게 와서 이 소식을 전한 후 어떻게 해야 좋을지 물었다. 오전 10시까지 번민하던 이순신이 직접 현장을 답사한 후 대책을 강구해보겠다고 하자, 도원수는 몹시 기뻐했다. 이순신은 송대립, 유황, 윤선각, 방응원, 현응진, 임영립, 이원룡, 이희남, 홍우공과 같은 9명의 군관을 데리고 출발하여 삼가까지 40km를 강행군했다. 19일에는 비가 오는 가운데 단성까지 23km를 행군했다. 20일에는 역시 비를 맞으면서 진주 정개산 기슭의 굴동까지 25km를 그리고 21일에는 노량까지 54km를 행군했다. 그는 4일간 142km를 행군한 셈인데, 그중 2일간은 비가 왔었다. 노량에 도착하자 구사일생으로 살아남은 장수들이 이순신에게 몰려왔다. 그들은 대장인 원균이 적을 보자마자 뭍으로 달아나버려 참패했다고 하면서 "원균의 살점이라도 뜯어먹고 싶다"고 말했다.

현장에 도착한 이순신은 거제 현령 안위와 영등포 만호 조계종 등 10여 명의 장수와 그리고 여러 군사와 백성을 만나 정보를 수집했다. 22일에는 경상우수사 배설을 만나고 남해 현령 박대남을 문병한 후 곤양으로 출발했다. 23일에는 원수부에 보고서를 발송하고 진주 운곡에 도착했다. 그는 그곳에서 9일간 머물렀는데, 이때 도원수 종사관과 진주 목사 등을 만나 응전 대책을 의논했으며, 군사를 점고하기도 했다. 살아남은 장졸들을 수습하고 대책을 세우느라 한숨도 자지 못한 이순신은 눈병을 얻었다. 승전한 적군이 도처에 주둔하고 있어 위협을 느낀 이순신은 곤양, 진주 등으로 이동하였다. 그러다가 8월 3일 선전관 양호로부터 전라좌수사 겸 삼도수군통제사로 임명한다는 교서를 받았다. 백의종군한지 5개월 만에 다시 조선 수군의 최고사령관으로 복직되었던 것이다.

이순신은 병력과 무기를 모으기 위해 광양, 하동, 구례, 곡성, 순천, 낙안, 보성, 장흥 등 주로 전라도 내륙 지방을 16일간 돌은 후 8월 18일 회령포에 도착했다. 같은 시기에 일본 수군은 남원성 공격을 지원하기 위해 섬진강을 따라 북상하고 있었다. 이순신 일행과 일본 수군은 구례를 단 하루의 간격으로 지나갔다. 그들이 구례에서 조우했더라면 어떻게 되었을까를 생각해보면 정말 아찔한 순간이었다. 이순신 일행이 15일 보성에 도착했을 때, 선조는 “해전이 불가능하면 지상군을 도우라”하는 내용의 편지를 선전관을 통해 이순신에게 보냈다. 그러나 이순신은 “신에게는 아직 12척이 있습니다. 죽을힘을 다하면 할 수 있는 일이 있을 것이고, 신이 죽지 않는 한 적군이 감히 우리를 업신여기지 못할 것입니다”라고 답장을 보냈다. 이순신은 수군을 육군에 편입시켜 수군과 해전을 포기하려는 왕의 의도를 거절했던 것이다.

칠천량 해전 때 전투하지 않고 도망쳐온 경상우수사 배설은 자신이 이끌고 온 10여 척을 이순신에게 인계하기를 주저했다. 그 때문에 이순신은 8월 19일에야 비로소 그 전선들을 인수할 수 있었다. 장흥의 회령포는 포구가 협소하기 때문에 전력이 빈약하더라도 함대

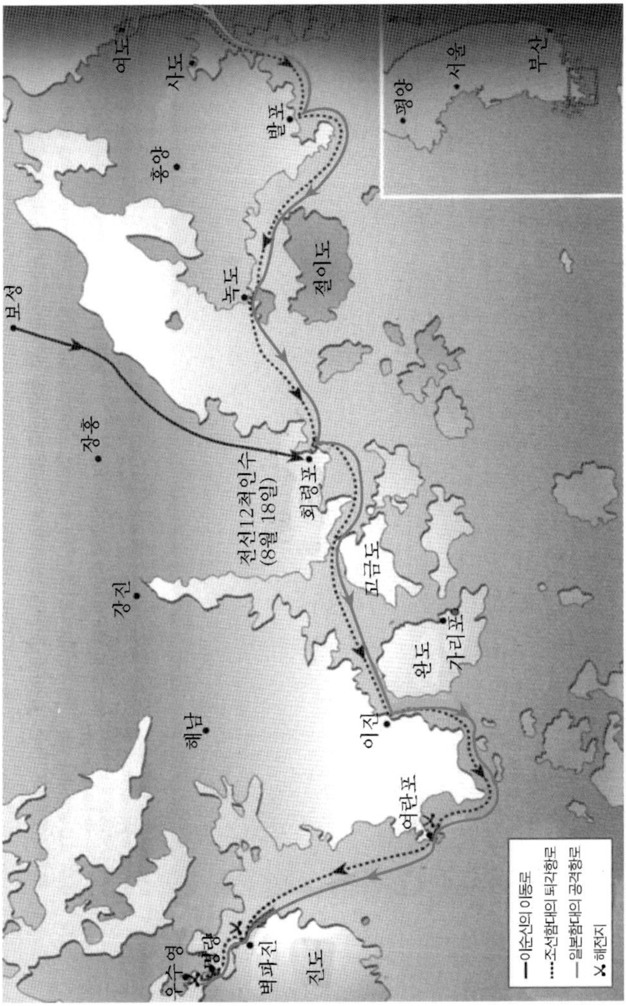

삼도수군통제사로 재임명된 후 이순신 함대의 진 이동

가 정박하고 있기에는 너무 불편한 곳이었다. 또한 그 곳에서 맞은편에 있는 고흥 반도만 지나면 적 함대가 있는 곳이었다. 이런 까닭에 이순신은 20일 완도와 해남 사이의 해안 지역인 이진으로 진을 옮겼다. 24일에는 이진에서 해남의 땅 끝을 돌아 진도 하단의 맞은편에 있는 어란포로 진영을 다시 옮겼다.

28일 새벽에 적선 8척이 어란포 앞바다에 출현하였다. 이순신은 칠천량에서의 대패로 적선을 몹시 두려워하던 장졸들을 부추겨 이에 대항했다. 이순신의 함대는 도망을 가는 적선들을 해남의 땅 끝 부근에 있는 갈두 앞바다까지 추격했다가 돌아왔다. 이 추격전으로 장졸들의 사기가 크게 올랐으며, 지휘관인 이순신에 대한 믿음도 더 커졌다.

그날 밤 이순신은 진영을 어란포와 진도 사이에 있는 장도로 옮겼으며, 다음날인 29일에는 진도의 벽파진으로 다시 진을 옮겼다. 9월 7일에는 어란포에 주둔 중이던 적선 55척 중 13척이 낮에 벽파진을 공격했는데, 이순신의 전선들이 출동하여 이를 물리쳤다. 그날 밤 왜선들이 다시 몰려와 기습했지만, 이순신의 함대는 이를 예상하고 대비하고 있었기 때문에 야간 기습을 막아낼 수 있었다.

이순신은 적선이 계속해서 어란포에 집결하고 있다는 첩보를 받았다. 적 함대의 대규모 공격이 임박한 것으로 생각되었다. 결전을 피할 수 없다고 생각한 이순신은 먼저 피난민을 대피시킨 후 9월 15일 벽파진에서 우수영으로 다시 진을 옮겼다. 이순신은 명량 수로를 배후에 두고 해전을 할 수 없었기에 어쩔 수 없이 진을 옮겨야만 한다고 생각하였다.

우수영에 가자마자, 이순신은 칠천량 해전의 트라우마를 갖고 있던 부하들이 일본 함대의 전력이 강성함을 보고 극도의 공포심을 갖고 있음을 알았다. 이러한 상태로는 전투를 해보지 않아도 질 것이 뻔했다. 장졸들의 사기를 올리고 전투의지를 최대한으로 끌어 올려야만 했다. 이순신은 그 방법으로 훈시를 택했다.

"병법에 이르기를, 반드시 죽으려 하면 살고 반드시 살려고 하면 죽는다고 했고 또한 한 사람이 길목을 지키면 천 명도 두렵게 만들 수 있다고 했는데, 오늘 우리를 두고 한 말이다. 조금이라도 명령을 어기는 장수가 있다면 군율에 따라 추호도 용서하지 않을 것이다."(1597년 9월 15일 일기)

다음 날인 16일 어란포에 집결한 왜선 330여 척 중 130여 척이 명량 수로에 진입하여 명량 해전이 발생하였다. 130여 척의 적선이 발디딜 틈이 없을 정도로 빽빽하게 떠 있어, 좁은 수로는 육지처럼 보였다. 일본 함대의 지휘관은 구루시마 미치후사와 도도 다카토라였다.

세계사에는 역사를 바꾸거나 참전한 전력이 대단히 컸던 해전들이 많다. 페르시아 전쟁이 한창이던 기원전 480년에 발생한 살라미스 해전에서 아테네의 지도자 테미스토클레스와 스파르타의 에우리비아데스가 지휘하던 도시국가 연합함대의 전선은 370척이었다. 이에 대응하는 페르시아 연합함대는 아리아비네스와 아르테미시아 여왕의 지휘를 받고 있었으며, 함대의 전선은 1207척이었다. 1572년 10월 7일 발생한 레판토 해전에서 돈 후안 데 아우스트리아가 지휘하는 신성동맹국 함대의 전선은 172척이었고, 알리 파샤가 지휘하는 오토제국 함대의 전선은 484척이었다. 1805년 10월 21일 발생한 트라팔가르 해전에서 넬슨이 지휘하던 영국 함대의 전선은 33척이었고, 비유뇌브가 지휘하던 프랑스와 스페인의 연합함대는 41척이었다. 1916년 5월 31일부터 6월 1일까지 전개된 유틀란트 해전에서 쉬어 제독이 지휘하던 독일 대양함대의 함정은 98척이었고, 젤리코 제독이 지휘하던 영국 대함대의 함정은 131척이었다. 1944년 10월 23일 발생한 레이테 만 해전에 참전한 일본제국함대의 전력은 54척의 함정과 300대의 비행기였으며, 연합국 함대의 전력은 236척의 함정과 1500대의 비행기였다.

세계 해전의 역사에서 유명한 해전들은 이처럼 기껏해야 양 함대의 전력이 비슷하거나 크게 차이가 나더라도 4대 1의 비율을 넘는 경우가 거의 없었다. 명량해전에 참전한 조선 수군의 전선은 12척 혹은 13척이었고, 일본 수군의 전선은 133척이었다. 이순신이 지휘하는 조선 수군의 전력이 일본 수군의 전력에 비해 10배나 열세였던 것이다. 이처럼 생각하기조차 어려울 정도로 열세인 전력의 함대가 월등한 전력의 함대를 이긴 사례는 동양과 서양 그리고 고대부터 현재까지 없다.

그뿐만이 아니었다. 명량 해전은 칠천량 해전에서 거의 전멸하다시피 대패한지 만 2개월 뒤에 치른 해전이었다. 또한 이순신이 통제사로 재임명된 지 1달 반 만에 그리고 이순신이 배설로부터 12척을 인수한지 39일 만에 치른 해전이기도 했다. 한편 이 해전은 이순신이 서쪽으로 계속 후퇴하면서 함대의 진영을 회령포에서 이진, 어란포, 장도, 벽파진, 우수영으로 5번이나 이동한 이후에 치른 해전이었다. 따라서 거북선을 건조하거나 철쇄와 같은 다른 방어시설을 설치할 여유가 있었을 리 만무했다.

명량 해전에 참가한 이순신 함대의 병사들은 칠천량 해전의 패잔병과 탈영병 그리고 급히 징집된 병사들과 의병으로 구성되어 있어 교육과 훈련을 제대로 받지 못하고 사기도 떨어질 대로 떨어져 있었다. 반면에 일본 수군은 칠천량 해전에서의 대승으로 사기가 하늘을 뚫을 정도로 높아 있었다. 이순신이 관직을 박탈당해 제거되었다고 생각하고 있었던 일본 장수들에게는 조선 수군에서 두려운 장수가 더 이상 없었다. 설상가상으로 조선의 왕과 조정 대신들이 수군을 포기하고 지상군에 편입되어 싸우도록 권장한 것을 이순신이 고집을 부려 간신히 거부한 직후였기 때문에, 왕이나 조정으로부터 군수지원을 전혀 받지 못한 상태에서 치른 해전이었다.

이순신의 함대가 이 해전에서 크게 승리한다는 것은 누구도 생각지 못한 것이었다. 그리고 이 승리는 풍전등화에 서있던 조선과 마지막 숨을 내쉬고 있을 만큼 위기의 순간에 있던 조선 수군을 기사회생할 수 있게 한 쾌거였다.

이순신은 전력의 열세를 극복하기 위해 명량 수로라는 협수로와 빠른 조류를 이용하였다. 이순신은 사기가 떨어지고 공포에 떨고 있는 장병들에게 지휘관에 대한 믿음을 갖게 하고 전투의지를 최대한으로 끌어올렸다. 이순신은 가장 앞장서서 싸웠으며, 싸움을 주저하는 장졸들에게 엄한 군율을 적용했고, 기강을 세워 싸우도록 만들었다. 이런 까닭에 이순신은 정말 절체절명의 위험한 상황에서 그리고 상식적으로 승리하기가 불가능 상황에서 승리할 수 있었다. 이순신은 이 해전이 끝난 후 일기에 '천행이다'라고 기록하였다. 하늘이 도와 적 함대를 격퇴했다는 뜻이다. 그러나 인간이 최선을 다하지 않았다면, 과연 하늘이 이순신을 도왔을까?

31척의 적선을 격파했을 뿐이기 때문에 명량 해전의 승리가 그리 대단한 것이 아니었다고 말하는 사람이 있을지 모른다. 살라미스 해전에서 그리스 도시국가의 연합함대는 약 3 : 1로 열세인 전력으로 페르시아 함대에 대해 승리했다. 이 해전에서 연합함대는 40척의 함선을 잃는 대가를 치르고 적선 200~300척을 격파하는 전과를 올렸다. 이 해전은 일방적으로 수세에 몰리던 도시국가 연합군으로 하여금 공세로 전환하게 만들었고, 결국 페르시아 전쟁을 승리하게 하는 전환점 역할을 했다.

명량 해전에서 이순신의 조선 함대는 12척이나 13척으로 130여 척의 적선 중 31척을 격파했지만, 아군의 전선은 단 한 척도 잃지 않았다. 이 해전의 승리 덕분에 일본 수군이 서해안에 진입하는 것을 막을 수 있었다. 만일 일본 수군의 전선들이 서해안으로 진입할 수 있었다면, 인천과 황해도 일대는 물론 의주까지 병력과 군수물자를 손쉽게 수송할 수 있었을 것이다. 그리되면 정유재란의 전세가 완전히 달라졌을 것이고, 어쩌면 조선이 멸망할 수도 있었을 것이다. 칠천량 해전으로 존재 자체가 희미해졌던 조선 수군은 명량 해전을 통해 존재감을 확실히 알리고 나아가 재건할 수 있는 발판을 마련할 수 있었다.

조선 수군과 이순신은 칠천량 해전의 패배로 일본군에게 빼앗겼던 제해권을 되찾았다. 또한 해상은 물론 지상에서도 일본군의 군사 작전을 아주 어렵게 만들었다. 이순신의 이름은 다시 일본군에게 공포의 대상이 되었으며, 넘을 수 없는 벽에 부닥친 것과 같은 좌절감을 느끼게 해주었다. 이로써 이순신의 함대는 일본군의 요주의 대상으로서 다시 영순위가 되었다. 그 후 이순신은 본국으로 후퇴하는 일본군에게까지 수많은 사상자와 피해를 안겨 주었다.

명량 해전의 승리는 한편으로 이순신이 최악의 상황에서 거둔 최고의 승리였다. 다른 한편으로는 전후의 시대적 상황, 참전한 전력, 아군과 적군의 피해 규모의 비율, 이 해전이 향후 전국에 미친 영향 등을 감안할 때, 명량 해전의 승리는 세계 해전사에서 유례가 없는 위대한 승리였다. 그야말로 '명량의 기적'으로 부를 수 있을 만큼 기적과 같은 승리였다.

그러나 이순신은 불안했다. 비록 크게 승리했다고는 하지만, 일본 순군의 주력부대는 그대로 존재하고 있었다. 그것도 우수영과 아주 가까운 해남 지역에 있었다. 일본 수군의 전선들이 언제 다시 공격해올지 몰랐다. 적 함대가 다시 공격한다면 격퇴할 수 없을 것 같아 불안하기까지 했다. 게다가 가을철이라 파도가 몹시 험해졌으며, 바람도 역풍으로 바뀌었다. 이순신은 자신의 함대를 이끌고 잠시동안 전장을 벗어나 후퇴하기로 작정했다. 그의 함대는 다음날 새벽에 신안군 암태면의 당사도에 도착했다.

조선 수군과 이순신에게는 쉴 틈조차 없었던 기나긴 하루였다. 노를 젓는 격군들의 두 손은 피범벅이 되었다. 활을 쏘는 사수와 총통을 발사하는 포수에게는 남은 화살과 포탄이 거의 없었다. 모든 장병이 지칠 대로 지쳐 초죽음 상태에 놓여 있었다. 그렇다고 해서 잠시라도 쉴 수 있는 상황도 아니었다. 다음날인 17일에는 신안군 지도읍의 어외도로 진을 옮겼는데, 피난민들을 태운 소형 선박 300여 척이 뒤따랐다.

이순신의 함대는 가을바람을 안고 이틀 뒤인 19일에는 칠산 앞바다와 법성포를 지나 홍농 앞바다에 도착했다. 20일에는 더 북상하여 부안군 위도에 도착했다. 21일에는 계속 서해안을 북상하여 고군산열도에 도착했다.

이순신은 자신의 함대와 함께 고군산열도에서 11일간을 보냈다. 그는 10월 3일에 출항하고서 남진하여 법성포에 도착했고, 8일에는 어외도에 도착했다. 9일에는 다시 남진하여 우수영에 도착했으며, 그곳에서 이틀간 해남 지역에 있는 적군의 동태를 살폈다.

11일에는 안편도로 후퇴했으며, 그곳에서 18일간을 보냈다. 29일에 다시 출항한 이순신은 목포 앞에 있는 보화도로 진을 옮겼다. 이듬해인 1598년 2월 17일 고금도로 진을 다시 옮길 때까지, 이순신은 보화도에서 겨울을 보내면서 전선을 건조하여 전력을 증강하는데 매진했다.

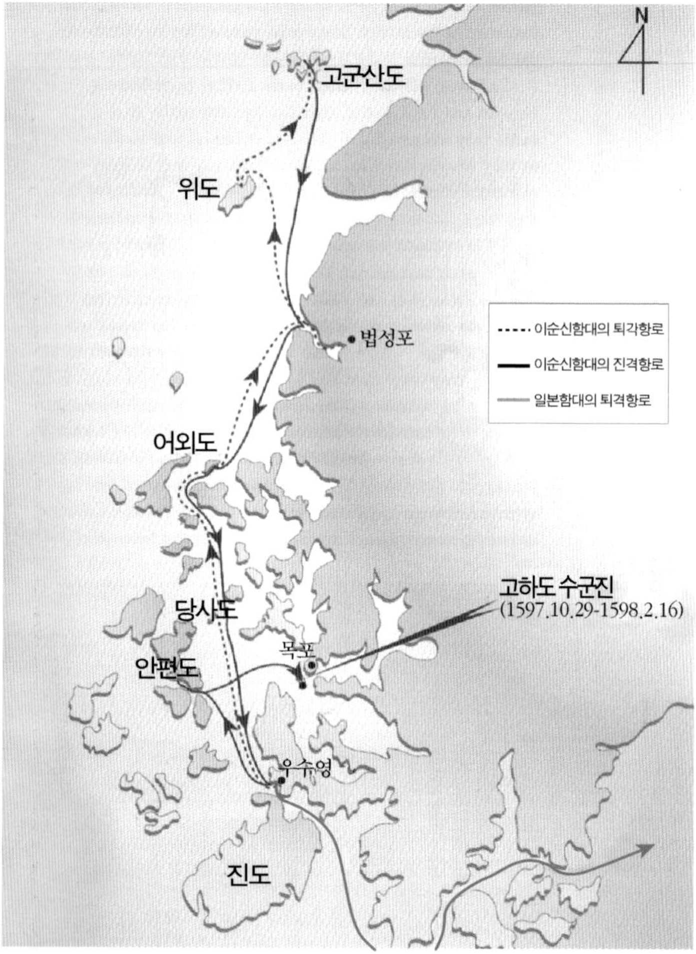

명량해전 이후 이순신 함대의 이동로

이순신과 그의 함대는 보화도로 이진할 때까지 2개월 동안 적 함대의 공격을 피하기 위해 조심스럽게 조금씩 기동하면서 진을 계속 이동할 만큼 신중하게 행동했다.

명량 해전이 끝난 후, 이순신은 대 승리에 도취하지 않고 전세를 냉정하게 판단하려고 노력했다.

2
실패와 좌절 속에서도 스스로를 철저하게 관리하다

1545년 4월 28일, 이순신은 오늘날 서울시 중구 인현동에 해당하는 한성 건천동에서 덕수 이씨 11대손인 아버지 이정과 어머니 초계 변씨의 슬하에서 네 아들 중 셋째아들로 태어났다. 그의 부모는 알 수 없는 이유로 그가 어릴 때 아산으로 이사했다.

그의 어린 시절에 대해서는 상반된 이야기들이 전해지고 있다. 하나는 어릴 때부터 전쟁놀이를 하고, 장수노릇을 했으며, 활을 잘 쏘았고, 군인이 되려 했다는 것이다. 다른 하나는 어릴 때부터 유학을 배웠으며, 재주가 있어 성공할 수 있는 것처럼 보였으며, 장성했을 때에는 공손하고 근신하여 읽은 글의 뜻을 통달할 수 있었다는 것이다.

조선 시대에 사대부 집안의 아이들은 집에서 유아교육을 받다가 대략 7살부터 16세까지 서당을 다녔고, 이어서 사학이나 향교를 다녔다. 문과의 초시에 합격하여 진사와 생원이 되면, 성균관에서 공부했다. 이것이 조선시대 사대부집 아이들의 일반적인 교육 과정이었다. 이순신이 어린 시절에 무과를 공부했다는 기록이 없다. 따라서 이순신은 다른 여느 양반집 아이들처럼 시골에 살면서 집안에서 한문을 배우기 시작했으며, 나이가 어느 정도 들자 서당에 다니면서 유학을 공부했던 것처럼 보인다. 어릴 때 전쟁놀이를 했다거나, 대장노릇을 했다거나, 장군으로서의 자질을 보였다는 등의 이야기들은 후대인들이 지어낸 이야기들일 가능성이 크다.

이순신이 자란 아산의 집

21살 때(1565) 제주 현감과 보성 군수로 근무한 적이 있는 방진의 딸 상주 방씨와 결혼했으며, 결혼한 지 1년 뒤인 22살 때부터 문과 공부를 중단하고 무과를 공부하기 시작했다. 그때까지 이순신이 문과에 응시해본 적이 있거나 초시에 합격했다는 기록은 없다. 조선 시대 양반들이 문과를 우대하고 무과를 상대적으로 하찮은 것으로 여기던 풍조가 있었음에도 불구하고, 이순신은 문과에서 합격할 가능성이 보이지 않자 무과로 전과했을지 모른다. 1576년 무과에 응시했을 때, 깊게 공부하지 않으면 알 수 없는 상당히 어려운 내용을 질문하자 거침없이 정답을 말해 무과 응시자가 어떻게 그런

것까지 알고 있는가 하고 시험관을 탄복하게 만들었다.

문과와 무과는 시험 과목이 서로 달랐으며, 특히 무과의 경우 각종 무예의 실기도 시험 과목에 포함되어 있었다. 문과에서 무과로의 전과는 과거 준비를 완전히 다시 시작해야 한다는 것을 뜻했다. 무과를 준비하기 시작한 지 6년이 지나 28살이 되었을 때(1572), 이순신은 훈련원이 주관하여 실시한 무과 시험에 처음으로 응시했다. 이 때 실기 시험을 보던 중 말을 타고 가다가 떨어져 발에 부상을 입었으며, 그러자 용감하게 버드나무 껍질을 벗겨 발을 싸맨 후 다시 말을 탔다. 무과 실기과목에 말을 타고 활을 쏘는 기사와 오늘날 폴로 경기와 비슷한 격구가 포함되어 있었음을 감안할 때, 기마술은 무과 실기를 준비할 때 기본 무술이라 할 수 있다. 이순신은 이 기마술에서 낙마하여 낙방했다.

이순신은 무과 공부를 다시 시작했다. 다시 4년이 지나 32살이 되었을 때(1576), 3년마다 열리는 식년 무과에 다시 응시했다. 지방에서 열린 향시에 합격한 후, 상경하여 복시와 전시를 치렀다. 그 결과, 이순신은 보인 4등급으로 합격했는데, 이것은 총 29명의 합격자 중 12등으로 합격했음을 말한다. 오늘날의 시각에서 보면, 이순신은 재수생이었다.

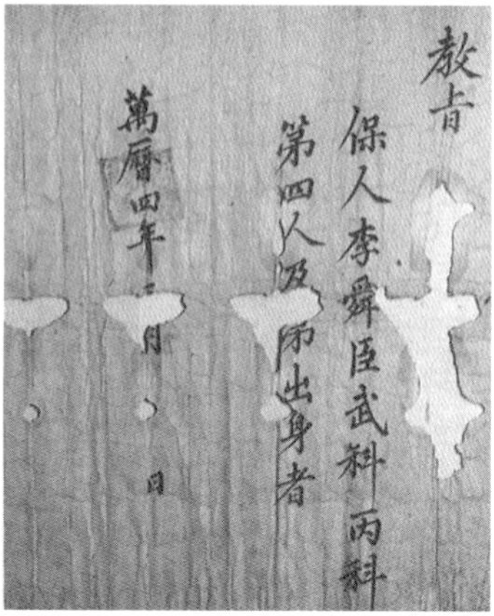
教旨
保人李舜臣武科丙科
第四人及第出身者
萬曆四年二月 日

이순신의 무과 급제 교지

1576년 2월 무과에 합격한 이순신은 10개월간 발령을 기다렸다가 그 해 12월 동구비보의 권관으로 임명되어 첫 부임지인 함경도로 갔다. 그때부터 1598년 11월 19일 노량해전에서 전사할 때까지 만 23년간 274개월 동안 공직 생활을 했다. 이 기간은 현역 무관으로 근무하던 기간, 문관으로 근무하던 기간, 무보직 상태로 있었던 기간으로 나눌 수 있다.

이순신의 관직 생활과 관련된 연표, 1576-98

시기		보직명	품계	시기		보직명	품계
일자	나이			일자	나이		
1576. 2	32	무과 합격		1589. 2	45	전라순찰사 군관 겸 조방장	종4품
12		동구비보 권관	종9품	11		겸 선전관	
1579. 2	35	훈련원 봉사	종8품	12		정읍 현감 겸 태인 현감	종6품
10		충청병마사 군관	종9품	1590. 7	46	고사리진 첨사(취소)	종3품
1580. 6	36	발포 수군만호	종4품	8		만포진 첨사(취소)	종3품
1582. 1	38	파직		1591. 2	47	진도 군수(취소)	종4품
5		훈련원 봉사(복직)	종8품	2		가리포진 첨사(취소)	종3품
1583. 7	39	함경 남병사 군관	종9품	2		전라좌수사	정3품
10		건원보 권관	종9품	1592. 5	48	가선대부	종2품하
11		훈련원 참군	정7품	6		자헌대부	정2품하
1584. 1	40	휴관(부친상)		7		정헌대부	정2품상
1586. 1	42	사복시 주부	종6품	1593. 8	49	삼도수군통제사	정2품상 (종2품)
1		조산보 만호	종4품				
1587. 8	43	겸 녹둔도 둔전관		1597. 2	53	체포투옥	
10		백의종군		4		백의종군	
1588. 1	44	특사		8		삼도수군통제사	종2품
윤6		귀향		1598. 11	54	전사	

이순신은 공직 생활의 약 2/3에 해당하는 기간을 군관이나 장수로 근무했다. 당시 조선의 국방 조직에서는 육군과 수군을 구분하지 않고 수군 장수였다가 육군 장수로 아니면 그 반대로 근무하는 경우가 일반적인 현상이었다.

이순신이 수군에서 근무한 기간은 공직 생활 기간의 절반에 약간 미치지 못하며, 육군에 근무한 기간은 1/3이 채 안 되었다. 수군으로 근무했을 때의 직책은 전라도 고흥 반도의 최남단에 위치한 발포 만호, 전라좌수사, 삼도수군통제사, 백의종군하다가 재임명된 삼도수군통제사였다. 근무지는 모두 남해안이었다.

가리포진 첨사로 발령 받았다가 취소된 적이 있었는데, 가리포진은 전라남도 완도에 위치해 있어 그곳 역시 남해안이었다.

급제한지 4년 반 만에 오늘날 기지 전대장에 해당하는 발포 만호로 20개월을 근무한 기간을 제외하면, 오늘날 함대사령관에 해당하는 전라좌수사와 작전사령관에 해당하는 삼도수군통제사로서 정3품 이상의 고위직으로만 수군에서 근무했다.

육군에서는 일선 부대와 중앙 부처에서 근무했다. 일선 부대에서 근무할 때의 직책은 급제한 후 최초의 부임지였던 함경도 삼수갑산의 접경 지역인 동구비보의 권관, 충청남도 해미에 위치한 충청병마사의 권관, 함경남병사의 권관, 건원보의 권관, 함경도 아오지 부근의 접경 지역에 위치한 조산보 만호 겸 러시아와의 접경지역인 녹둔도의 둔전관, 전라순찰사 이광의 군관이자 조방장 겸 선전관이었다. 그 밖에도 평안북도 초산 부근에 위치한 고사리진 첨사와 만포진 첨사로 임명되었다가 취소된 적도 있었다.

중앙 부처에서는 훈련원의 봉사와 참군, 사복시의 주부로 근무했다. 훈련원은 시험을 치러 재능 있는 군인을 선발하고, 무술을 수련시키고 시험을 보게 하며, 병서와 진을 연구하고, 전술을 연구하는 기관이었다. 당시 이순신은 비교적 하위 품계에 해당하는 봉사와 참군으로 근무했던 하급 무관이었다. 중급 품계에 속하는 사복시 주부로 근무한 기간은 보름밖에 되지 않았다.

문관으로 근무하던 때의 직책은 전라북도의 정읍 현감 겸 태인 현감이었으며, 그 기간은 공직 생활의 1/20이었다. 전라남도의 진도 군수로 임명되었다가 취소된 적도 있었다. 무관이 문관의 직위에 임명된 것은 흔치 않은 사례였다.

공직 생활의 약 1/4에 해당하는 기간은 무보직 상태

에 있었다. 무보직 상태로 있었던 첫 번째 경우는 무과에 급제한 후 발령받을 때까지 대기한 시기였다. 다음 경우는 직속상관인 전라좌수사 성박의 모함 때문에 조정에서 조사관으로 내려온 군기경차관 서익의 장계에 의해 수군인 발포 만호로 근무하다가 파직된 시기였다. 세 번째 경우는 관례에 따라 부친상을 당하여 잠시 관직에서 물러나 있었던 휴관하고 있던 시기였다. 그 밖에 북병사 이일의 모함에 의해 백의종군을 하고, 특사에 의해 귀향하며, 체포되고 구금되었다가 도원수 권율 휘하에서의 백의종군을 하던 경우도 있었다.

이순신은 생전에 종9품부터 시작하여 정2품까지 진급했다. 그의 직위 중 삼도수군통제사는 종2품이었지만, 1592년 3차 출전을 마친 후 오른 정헌대부는 정2품이었다. 그러나 그는 진급과 강등을 많이 반복했으며, 1품이나 2품씩 진급하거나 강등당하는 것보다 여러 품계를 뛰어넘어 진급하고 강등하는 경우도 있었다. 11품이나 12품씩 진급하고 강등하는 경우도 있었다. 삼도수군통제사로 근무하다가 체포되어 투옥된 후 백의종군을 한 경우와 다시 삼도수군통제사가 된 경우는 그 등락의 폭이 17품이나 되었다. 이순신의 이러한 관력은 임진왜란 직전 공직자의 인사가 정상적으로 이루어지지 않았음을 보여주고 있다. 국왕과 고관들로 구성된 인사권자의 전횡이 그만큼 심했으며, 원칙이나 규정보다는 영향력 있는 자의 개인적인 후원이 임용과 진급에서 중요한 역할을 하였다.

이순신이 근무했던 곳은 8개 지역이었다. 지도에서 Ⅰ지역은 한성과 가장 먼 곳이자 여진족과의 충돌이 잦았던 함경도 동북단 국경 지역이었다. Ⅱ지역은 역시 여진족과 대치하고 있던 곳으로서 삼수갑산이란 단어의 유래가 된 함경도 서북단 국경 지역이었다. Ⅲ지역은 한성으로 국가의 수도이자 중앙 부처가 있는 곳이었다. Ⅳ지역은 내륙에 있는 지방 중심지였다. Ⅴ지역은 수군이 국방을 담당하고 있던 전라도 남해안 지역이었다. Ⅵ지역은 평안도 북부의 국경 지역이었는데, 임명되었다가 곧 취소되었다. Ⅶ지역은 발령되었으나 취소된 전라도 서남해 도서 지역이었다. Ⅷ지역은 1597년에 백의종군을 하던 지리산 부근의 경상도 내륙 지역이었다.

이순신이 최초로 수군에서 근무한 발포 만호영 전경

이순신이 관직 생활을 한 274개월 중에서 가장 오래 근무한 지역은 전라도 지역이었으며 50%(137개월), 그 중에서 남해안에서 근무한 기간이 그 기간의 대부분을 차지하였다(40%, 10개월). 다음으로 오래 근무한 곳은 함경도 지역이었는데, 67개월 동안 근무했다. 충청도와 전라도의 내륙 지역에서는 36개월 동안 근무했다. 수도인 한성에서는 27개월 동안 근무했다. 68개월 동안은 무보직 상태였으며, 그 중에서 두 차례의 백의종군 기간 9개월과 체포투옥기간 2개월을 제외하면, 순수한

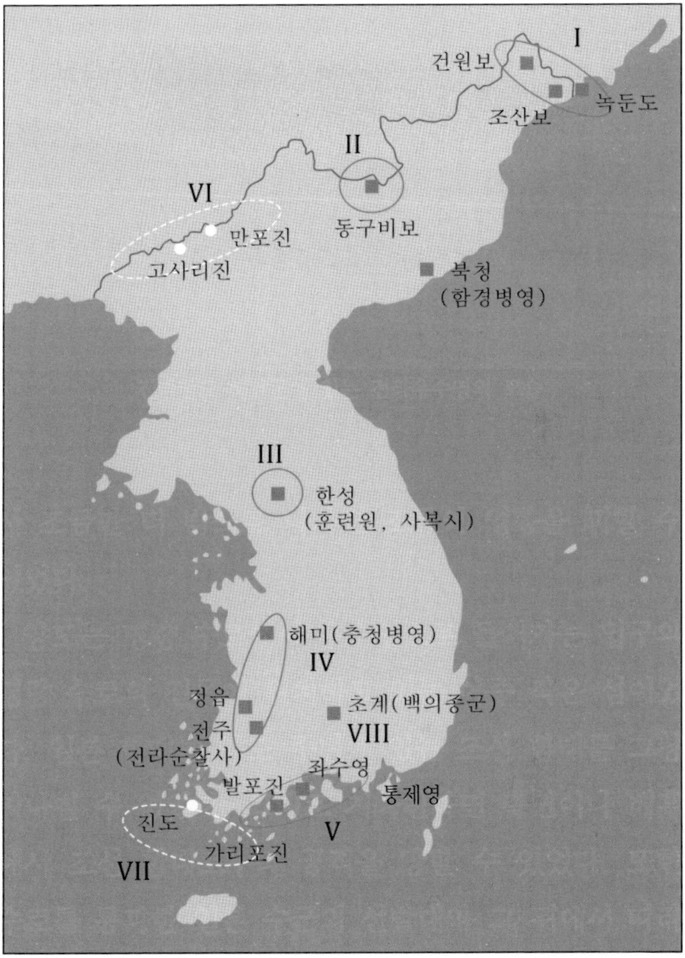

이순신의 근무지

■ : 실제 근무지
○ : 발령 취소지나 부임여부가 모호한 곳

무보직기간은 57개월 간이었다. 따라서 남해안과 함경도에서 근무한 기간은 65%에 해당하는 177개월이었다.

전체적으로 볼 때, 이순신이 주로 근무했던 곳은 함경도의 국경 지역과 전라도와 경상도의 남해안이었다. 이 남해안은 조선시대 수군의 주요 존재 이유가 왜구에 대한 대비였음을 감안할 때 수군의 최전선에 해당하였다. 부임 명령을 받았다가 취소된 곳들은 평안도 북부의 국경 지역과 전라도 서남해의 도서 지역이었다. 이순신의 주요 근무지는 주로 변방의 오지에 위치한 최일선 부대였다.

이순신의 파란만장한 관력은 이순신의 조카가 이순신을 기리기 위해 집필한 『행록』에 포함되어 있는 근무와 관련된 에피소드들을 통해서도 알 수 있다. 훈련원에 근무할 때, 병조판서 김귀영이 자신의 서녀를 이순신에게 첩으로 주려고 매파를 세웠는데, 이순신은 "벼슬길에 갓 나온 내가 어찌 권세 있는 집에 발을 들여 놓겠는가"하면서 거절했다. 충청병사 군관으로 근무할 때, 병사가 개인적으로 친한 군관의 집에 가자고

하자 대장이 사사로이 군관을 만나는 것이 옳지 않은 행동이라고 말하여 잘못을 뉘우치게 만들었다. 발포 만호에서 파직되어 있을 때 이조판서 이율곡이 같은 종씨임을 내세워 한번 보자고 했지만, "같은 성씨이기 때문에 이조판서로 있는 동안은 만나지 않겠다"고 하면서 거절했다. 훈련원 봉사로 복직되었을 때 정승 유전이 이순신의 화살통을 달라고 하자, 이순신은 정승이 종8품의 하급 군관으로부터 선물을 받는다면 둘 다 지탄을 받을 것이라 하고 거절하였다.

이 에피소드들은 이순신이 무과에 급제하여 군관 생활을 시작한지 3~7년밖에 되지 않았을 때 일어났다. 오늘날 위관 장교에 해당하는 하급 군관이 장관이나 국무총리에 해당하는 판서와 정승의 청을 거절한 셈이다. 거절한 이유는 지연이나 혈연에 의해 혹은 선물이나 뇌물을 주고 출세하지 않겠다는 것이었다.

하급 군관이 이런 행동을 하려면 무엇보다도 언행이 곧아야 했다. 그렇지 않으면, 괘씸죄에 걸려 많은 불이익을 당할 것이 뻔했기 때문이다. 역시 『행록』에 나오는 이야기이다. 충청병사의 군관으로 근무할 때, 거주하는 방에 옷과 이불뿐이었고, 근친을 갔을 때 남은 양식을 반환하였다. 이것은 초임 군관이었던 이순신이 아주 검소한 생활을 했으며, 부모의 생신이나 제사를 위해 집을 방문했을 때 남은 경비를 책임자에게 반납했다는 이야기이다. 발포 만호로 근무할 때, 전라좌수사 성박이 거문고를 만들려고 발포 만호영에 있는 오동나무를 베어 보내라고 하자 관청 물건을 사사로이 쓰도록 하게 할 수 없다고 하면서 거절하였다. 역적죄로 체포된 친구 조대중의 압수 물품에 이순신이 보낸 편지가 들어있었다. 이순신은 이 편지를 빼내주겠다는 금오랑의 제의를 거절했다. 거절한 이유는 만호영에 있는 오동나무와 압수물이 모두 관물이기 때문에 사령관이라 하더라도 개인적으로 사용할 수 없으며, 편지 때문에 자신이 역적의 올가미를 쓸 수 있지만 증거물이기 때문에 없애면 안 된다는 것이었다.

이순신은 청렴결백했으며, 공과 사를 분명하게 가리려 했다. 그래서 그런지 이순신이 "조정에서 천거해주는 사람이 없어 급제한지 10년이 지날 때까지 지방수령자리 하나 얻지 못했다"거나 "명성이 자자했지만,

권세가의 집에 드나들지 않았기 때문에 출세하지 못했다"는 말이 돌았다.

올곧은 언행을 보이는 하급자는 부정을 저지르거나 사익을 추구하는 상관에게 밉보이기 십상이다. 발포 만호로 근무하고 있을 때, 이용이 전라좌수사로 부임했다. 수사는 전임 수사였던 성박과 오동나무 사건에 대한 이야기를 듣고 이순신이 상관의 말을 고분고분히 따르지 않는 것을 미워하여 관할 수군진을 불시에 점검했다. 네 곳의 수군진에서 병력의 결원 수가 많았고, 발포 만호영에서는 결원수가 3명밖에 되지 않았다. 그럼에도 수사는 이순신에게만 죄를 물어야한다는 내용으로 장계를 올렸다. 그러자 이순신이 5개진의 결원 명단을 갖고 있기 때문에 조사가 시작되면 오히려 수사가 당할 것이라는 장령들의 말을 듣고 놀란 수사는 황급히 장계를 취소했다.

역시 이순신이 발포 만호로 근무하던 때의 일이었다. 전라감사 손식과 전라좌수사 이용이 휘하 관리들의 근무 상태를 심사하면서 이순신을 최하위로 평가하려 했다. 그러나 실무담당관이었던 도사 조헌은 이순신이 전라도에서 군진을 가장 잘 관리하고 지휘한다는 평판이 자자한데, 최상위에 두지 않고 최하위로 평가할 수 없다고 하여 공문 작성을 거부하였다.

그러나 상식이 통하지 않는 고약한 상관을 만났을 때에는 이순신도 화를 피할 수 없었다. 훈련원에서 인사 문제로 갈등을 일으킨 적이 있는 서익이 군기경차관으로 임명되어 조정에서 발포에 내려왔다. 그의 임무는 전라도 각 군진을 조사하는 일이었다. 그는 발포 만호영을 제대로 조사하지도 않고 무기를 보수하지 않았다는 이유로 이순신을 파직하였다. 그러나 사람들은 "이순신이 무기를 저렇게 잘 보수해 놓았음에도 벌을 받는 것은 지난날 훈련원에서 서익의 말을 따르지 않았기 때문이다"라고 수군거렸다.

이순신의 청렴결백하고 올곧은 근무태도는 많은 상관들로부터 미움을 받았으며, 그로 인해 모함을 당하고 심지어 파직을 당하기도 했다. 이순신은 발포 만호로 근무하던 20개월 동안 이러한 일들을 집중적으로 겪었다. 이 사실은 그의 첫 수군 근무가 얼마나 파란만장했었는지 짐작할 수 있게 해준다.

한편 그를 알아주는 상관도 있었다. 당시 이순신의 관운이 좋지 않아 전라좌수사로 임명되기까지 우여곡절이 많았다. 녹둔도 사건으로 백의종군하다가 특사로 귀향해 있던 1589년 1월 조정에서 순위와 무관하게 무관을 천거할 때(불차탁용), 이순신은 이조판서 이산해와 병조판서 정언신의 노력으로 추천 서열의 두 번째 자리에 있었다. 그러나 이순신은 어느 직책에도 임명되지 못했다. 1개월 후 전라관찰사 이광은 "그대가 훌륭한 재주를 갖고 있음에도 이렇게 뜻을 펴지 못하고 지내다니 정말 아깝다"고 하여 군관 겸 조방장으로 삼았다.

이조판서 유성룡의 도움으로 정읍 현감과 태인 현감을 겸하고 있던 1590년에도 그는 불운했다. 종3품인 고사리 첨사로 임명되었다가 대간들의 반대로 취소되었고, 같은 해 만포 첨사로 임명되었으나 역시 승진 속도가 너무 빠르다는 대간들의 반대로 취소되었다. 이순신의 관직은 1591년 2월에도 몇 번이나 바뀌었다. 먼저 진도 군수(종4품)로 발령받았으나 부임하기도 전에 가리포 첨사(종3품)로 다시 임명되었으며, 가리포 첨사로 부임하기도 전에 다시 전라좌수사로 임명되었다. 불운이 이순신에게 전화위복되었던 것이다.

이순신은 자신의 성격과 근무 태도 때문에 타인들의 질시와 미움을 받을 수 있음을 알고, 항상 자신을 철저하게 관리하려고 노력했다. 이순신의 자기관리 중에서 가장 먼저 눈에 띄는 것은 체력과 건강에 대한 관리이다.

흔히 이순신이 무인이자 영웅이기 때문에 튼튼한 신체를 갖고 있었던 것으로 생각하기 쉽지만, 『난중일기』에는 아프다는 기록이 8일에 한 번 꼴로 비교적 많이 나온다. 전란이 발발하기 전부터 그는 몸이 너무 불편하여 아침 내내 누워 있다가 늦게 동헌에 나가 공무를 살핀 때가 있었다. 전란이 발발한 이후에도 하루 종일 또한 밤새도록 고통스러워 신음했고, 땀을 너무 많이 흘려 갈아입은 옷과 바꾼 이불이 다시 흠뻑 젖었던 때가 있었다. 장기간 동안 아픈 경우도 여러 차례 있었다. 가장 오랫동안 아팠던 경우는 22일간(1954. 3. 6~27)이었다. 그밖에도 그가 16일간(1596. 8. 4~19)과 13일간(1596. 3. 13~25) 계속 아팠던 경우도 있었다.

이순신은 췌장 염증, 간염이나 간경변증, 내분비계 자율신경 이상증, 위염과 위장염, 유사장티푸스, 과민성대장증후군 등으로 고생했다. 이러한 병들은 바닷바람과 찬 기후에 장기간 노출, 고된 업무와 전투훈련 및 잦은 부상, 불규칙하고 조악한 식사, 강한 스트레스, 과음 등에 의해 발병되었다. 이 병은 전란으로 장기간 방치되어 고질화되었기 때문에 치료가 불가능한 상태였다.

그럼에도 불구하고 이순신은 체력 단련과 훈련을 게을리 한 적이 없었다. 평시에는 3일에 한번 꼴로, 전시에는 6일에 한 번 꼴로 무예를 수련하고 훈련을 했다. 종목은 함대의 기동전술, 총통과 조총의 사격, 기마술, 활쏘기, 검술 등이었는데, 활쏘기가 대부분을 차지했다. 혼자서 활을 쏘는 경우가 많았다. 그렇지만 다른 장수들이나 군관들과 함께 활을 쏜 적도 있었으며, 부하들에게 활쏘기 시합을 하게 한 적도 있었다. 활은 쏜 장소는 활터, 수루, 진해루, 부하 지휘관의 진영, 선상 등이었다. 그는 주로 오후에 활을 쏘았으며, 한번 활을 쏘면 평균 50여 발씩 쏘았다. 활쏘기는 기마술

이순신이 군사 훈련을 하는 모습

그리고 검술과 함께 군관의 가장 기본적인 무술이었다. 15세기 후반부터는 활쏘기가 무인들의 전유물이 아니라 국왕, 문무백관, 지방 관아들도 활을 쏘기 시작했다. 이순신이 활을 자주 쏜 것은 무예를 수련하고 군사훈련을 하는 방편이자 심신단련과 정신수련의 방편이었다.

이순신은 장수가 반드시 갖추고 있어야 하는 병술과 전술을 배우고 연구하는 데에도 게을리 하지 않았다.

군관 생활을 시작한 4년째 되던 1580년 가을 발포 만호로 근무했을 때의 일이다.

경진년 가을에 발포 만호가 되었을 때 감사 손식은 참소하는 말을 듣고 공에게 벌을 주려고 순행하는 도중 능성으로 공을 마중 나오라고 하여 진서에 대한 강독을 시키고 진도를 그리게 하였다. 이순신은 막힘없이 대답한 후 붓을 들고 정묘하게 그려냈다. 감사는 꾸부리고 한참동안 들여 보다가 "어쩌면 이렇게도 정묘하게 그리는고" 찬탄하였다. 감사는 이순신의 조상을 물어보고 "내가 진작 몰랐던 것이 한이다"라고 했으며, 그 후로는 정중하게 대우하였다.(「행록」)

당시 전라감사 손식은 이순신이 훈련원에서 근무할 때 진급 추천 문제로 갈등을 겪은 적이 있는 병조정랑 서익의 친구였다. 그는 친구로부터 이순신에 대한 험담을 듣고 괘씸죄로 처벌하려고 이순신을 불러 진서의 강독과 진도의 작성을 불시에 면전에서 시험했다. 예상과 달리, 이순신은 막힘없이 답하고 정교하게 그려 손식을 탄복하게 만들었다. 평소에 병서를 읽고 진법을 숙달하고 연구하지 않았다면 있을 수 없는 일이었다.

"좌의정이 편지와 『증손전수방략』이란 책을 보내왔다. 그 책을 본즉, 해전, 육전, 불로 공격하는 전술 등에 대해 낱낱이 설명되어 있는데, 참으로 만고에 특이한 책이었다." 이것은 전란이 발발하기 40여일 전인 1592년 3월 5일에 이순신이 좌의정 유성룡으로부터 지금까지 보지 못한 병서를 받고서 읽은 소감을 일기에 간단히 기록한 것이다. 이 일기는 이순신이 평소에 병서를 얼마나 좋아했는지 알 수 있게 해주는 단편적인 에피소드이다.

이순신이 나라와 백성을 걱정하는 모습이 그의 일기에 많이 나타나고 있는데, 우리는 이 모습을 통해서 그의 애국심과 애민정신을 살펴 볼 수 있다. 전란이 발생한지 1년이 좀 지났을 때부터 이순신은 전란이 종료되지 않고 나라가 여전히 위태로운 지경에 있는 것을 염려하여 어쩔 줄을 모르는 자신의 심정을 일기에 기록했다. "나라를 근심하는 생각이 조금도 놓이지 않아 홀로 선창 밑에 앉아 있으니 만단의 회포가 일어난다."(1593년 7월 1일 일기) 심지어 그는 "촛불을 밝히고 혼자 앉아 나라 일을 생각하니 모르는 사이에 눈물이 흐르는구나"(1595년 1월 1일 일기)라고 기록하기도 했다. 오늘날 국가와 국민을 진정으로 걱정하여 자신도 모르게 눈물을 흘리는 공직자가 몇 명이나 있을까? 과연 있기는 할까?

국왕의 유지가 그에게 전달되었다. 국왕은 이 유지에서 그에게 적을 빨리 공격하라고 재촉했지만, 그가 보기에 "지피지기하지 않으면 백전불승이 병가지상사"였다. 나와 적을 알지 못하면 백번을 싸워도 이길 수 없다는 것은 병법의 상식이라는 뜻이었다. 국왕은 이순신에게만 매달리는 것처럼 보였다. "초저녁에 불 밝히고 혼자 앉아 스스로 생각하니, 국사가 어지럽건만 안으로 건질 길이 없으니 이 일을 어찌할꼬."(1594년 9월 3일 일기) 그러나 전쟁은 이순신 혼자 할 수 있는 것이 아니었다. 이러한 답답한 심정은 명나라와 일본이 강화하려고 노력하던 이듬해에도 변하지 않았다. "혼자 다락에 기대 생각하니 나라 정세가 아침 이슬같이 위태로운데, 안으로는 책략을 결정할 줄 아는 기둥 같은 인재가 없고 밖으로는 나라를 바로 잡을 수 있는 주춧돌 같은 인물이 없음을 생각하니, 사직이 장차 어

찌 될지 몰라 마음이 산란하다. 종일토록 누웠다 앉았다 했다."(1595년 7월 1일 일기)

이순신은 "해상에서 나라를 위해 열심히 일하는 것을 잊은 적이 없다"(1594년 2월 12일 일기)라고 스스로 확언했다. 그러나 "사직의 위엄과 영험 덕분에 겨우 작은 공을 세웠을 뿐인데, 임금의 총애와 영광이 분에 넘치도록 너무 크다. 장수의 직책을 가진 몸으로 티끌만한 공로도 바치지 못했고, 입으로 교서를 외우나 장수로서 부끄러움만 있을 뿐이다"(1595년 5월 29일 일기)라고도 기록했다. 그는 자신이 세운 공을 하찮은 것으로 간주했을 뿐만 아니라 전쟁을 승리로 끝내지 못하고 있는 상태에 대한 책임감 때문에 부끄러워했다. 심지어 아내가 위독하다는 소식을 들은 날에는 일기에 다음과 같이 기록했다. "벌써 생사 간 결말이 났을지도 모른다. 나랏일이 이에 이르렀으니 다른 일을 생각할 수 있으랴마는 아들 3명과 딸 1명이 어떻게 살아갈고. 아프고 괴롭구나."(1594년 7월 30일 일기) 그는 장수로서 가족보다 국가를 더 중시했던 것이다.

그렇다고 해서 이순신이 가족을 등한시한 것은 아니었다. 어머니, 부인, 자식, 조카, 누이와 관련된 기록도 6일에 한 번 꼴로 나타난다. 이 기록의 내용은 가족들이 여수의 전라좌수영이나 아산 본가에서 가족 소식을 가지고 한산도의 진영에 온 사실, 가족을 그리워하고 염려하는 마음, 가족의 소식을 듣지 못해 안타깝다는 심정, 집안의 하인이나 친인척 및 지인들이 오고갔다는 사실 등이다.

이순신이 가족을 염려하는 모습은 어머니에 대한 기록을 통해 가장 잘 알 수 있다. 그는 1593년부터 여수 고음내에 집을 얻어 아산 본댁에 계시던 어머니를 모셨다. 같은 해 7월 15일 이순신은 여수의 전라좌수영 본영을 그대로 놓아두고 한산도에 임시로 설치한 진영에 머물기 시작했으며, 그로부터 보름 후인 8월 1일에는 삼도수군통제사로 임명되었다. 이 때부터 그는 어머니의 소식을 일주일만 듣지 못하면 안절부절 했다. 실제로 일기에는 평균 6일에 한 번 꼴로 어머니에 대한 이야기가 적혀 있다. 1593년 8월 21일 일기에는 다음 구절이 있다. “아침에 흰 머리카락 여남은 오라기

이순신이 여수 고음내에서 어머니를 모시는 모습

를 뽑았다. 흰 머리카락인들 어떠랴마는 다만 위로 늙으신 어머님이 계시기 때문이었다." 자식의 흰 머리카락을 보고 자신이 너무 오래 살았다고 생각하실까 염려하여 새치를 뽑았다는 이 이야기는 이순신의 어머님에 대한 효성을 단적으로 보여주고 있다.

이순신의 부인은 3명이었던 것으로 보인다. 본부인인 상주 방씨와 측실인 해주 오씨는 덕수 이씨의 족보에 분명히 기록되어 있다. 나머지 한 명은 족보에는 기록되어 있지 않고 일기에만 나타난다. 조선 시대의 족보는 측실과 서자나 서녀에 대해 차별이 심했다. 일반적으로 그들은 족보에 기록되지 않았으며, 측실이 기록되었더라도 묘지나 그 자식들이 기록되어 있지 않는 경우도 많았다. 이순신의 일기는 이 족보에 없는 사실을 많이 알 수 있게 해주는데, 측실에 대해서도 그렇다. 1594년 8월 2일 일기에 다음의 문구가 있다. "한밤중에 꿈을 꾸니, 부안사람이 아들을 낳았다. 달수로 따져보니 낳을 달이 아니었으므로 꿈이지만 내쫓아 버렸다." 아들을 낳고 내쫓았다는 것은 같이 살았다는 것을 뜻하기 때문에, 부안 사람을 두 번째 측실로 생각할 수 있다.

최근에 이순신을 소재로 한 소설들에서 '여진'이라는 여자와 잤다는 문구가 등장하고, '여진과 잤다'라는 번역문이 포함되어 있는 일기 번역서도 발간되었다. 그러자 일기에 누가 와서 자고 갔다는 표현만 있으면 무조건 그 여자와 이순신이 잤다고 해석하는 사람들까지 나타났다. 그러나 일기에서 '여진'이라는 문구가 나오는 부분은 대체로 계속 이어져 있는 문구들과는 달리 본문과 한참 떨어진 곳에 쓰여 있으며, '여진' 다음에 쓰여 있는 글자도 다른 글자로 해석할 수 있는 여지가 많다. '여진'이 계집종이나 기생을 지칭하는지도 불확실하다. 이런 여러 이유로 '여진'은 이순신의 여인이 아니라 이순신이 자기만 아는 축약어, 상징어, 후에 다시 참고하기 위해 기록해둔 사항 중 한 가지인 것으로 보인다.

이순신과 관련된 스캔들이 전혀 없는 것은 그가 그만큼 자기 관리를 철저하게 했음을 뜻한다. 그는 다른 사람들로부터 손가락질을 받을 수 있는 언행을 하지 않았으며, 사랑을 바탕으로 가족을 잘 보살폈고, 여성에 대한 윤리와 도덕을 잘 지켰던 것이다.

3
어렵고 고독하게 전쟁을 준비하고 수행하다

군인과 군대는 평시에 전쟁이 일어나지 않도록 하고, 전쟁이 발발하면 반드시 이기기 위해 존재한다. 그러기에 군 지휘관의 임무는 평소에 휘하 부대의 전력을 정비하고 강화하며, 전시에는 부하들의 전투의지를 최고도로 높여 전투에서 승리하도록 만드는 것이다. 이순신의 임무도 이와 같았다. 그의 임무는 평시와 전시로 나뉜다. 그의 일기에서 평시는 1592년 1월 1일부터 경상우수사 원균으로부터 일본군이 쳐들어왔

전라남도 여수에 위치한 전라좌수영의 1899년 모습

다는 소식을 들은 4월 15일까지의 기간을 말하며, 전시는 그 이후의 기간이다.

평시에 이순신은 거의 4일마다 한 번 씩 휘하 부대를 직접 점검하거나 검열했다. 시설, 전선, 방비 상태, 무기, 재정 상황 등을 검열했으며, 병졸이 편제대로 근무하고 있는지 혹은 동원할 수 있는지 점검했다. 2월 19일부터 27일까지 9일 동안에는 자신이 관할하는 5개의 고을과 5개의 수군진(5관5포)을 직접 방문하여 종합검열을 실시했다. 일본군이 침략하기 1개월 반 이전

1980년에 복원된 거북선의 모습

이었다. 그밖에도 채석작업, 붕괴된 해자의 보수, 석재의 해상수송, 항만에 쇠줄의 설치, 화대석의 설치, 벌목, 도랑파기 등과 같이 시설을 관리한 사실도 기록되어 있다. 양호한 경우에는 담당자를 치하하고 칭찬했다. 그러나 불량할 경우에는 군관, 색리, 교수와 같은 실무책임자급 관리들을 주로 엄하게 처벌했다.

일기에 따르면, 이순신은 전라좌수사로 부임한지 13개월 후인 1592년 2월 8일 "거북선의 돛에 사용할 베 29필을 받았다." 그로부터 한 달 반이 지난 3월 27일에는 건조하여 육상에 놓여 있던 거북선에서 총통 발사를 시험했다. 보름 뒤인 4월 11일에는 거북선에 사용할 돛베를 만들었다. 그 다음날인 12일에는 "식후에 배를 타고 거북선에서 지자총통과 현자총통을 쏘아보았다. 순찰사 휘하의 군관이 살펴보고 갔다." 거북선을 언제부터 어떻게 건조하기 시작했는지는 기록이 없어 알 수 없다. 그러나 부임하자마자 거북선을 건조할 수는 없었을 것이기 때문에, 부임한지 1년도 채 되지 않아 거북선을 건조하는데 성공했다고 할 수 있다. 순찰사 휘하의 군관이 해상 진수와 해상 총통 발사의 시험 과정을 참관했다는 것은 거북선의 건조 과정을 상부에 계속 보고해왔었다는 사실을 짐작할 수 있게 해준다.

거북선의 건조를 완료한 날 바로 다음날인 13일은 일본군이 조선을 침략하여 임진왜란이 발발한 날이었다. 전란이 발발한 날과 거북선을 완성한 날의 시차가

단 하루밖에 되지 않았던 것이다. 그러나 이 거북선은 승조원 배치, 총통과 같은 군수물자의 선적, 항해 시험 등을 하느라 1차 출전 때 참가하지 못했다. 따라서 거북선이 참전한 첫 해전은 2차 출전의 첫 해전인 사천 해전이었다.

주어진 임무를 제대로 수행하지 않거나 근무를 소홀히 하는 부하들은 이순신의 눈을 피해갈 수 없었다. 이에 대한 사례는 일기에서 쉽게 볼 수 있다. 1592년 1월 16일 방답진에서 병선을 수리하는 일을 방치했다는 죄목으로 실제 담당자였던 군관과 색리에게 곤장을 쳤으며, 그들의 직속상관인 우후와 가수(임시로 진을 지휘하는 장수)에게는 감독과 확인을 하지 않은 점에 대해 경고했다. 2월 25일에는 전쟁에 대한 대비가 미비하다는 죄로 사도 첨사를 체포했다. 3월 6일에는 본영인 전라좌수영에서 활, 화살통, 갑옷, 투구와 같은 무기와 군복에 대한 정비를 소홀히 했다는 죄로 책임자인 감고를 문책했다. 2월 3일에는 예하 수군진들에서 발생한 부정행위를 조사하기 위해 우후를 파견했으며, 3월 20일에는 사도 첨사의 허위 보고를 조사하여 보고하라고 지시했다. 2월 15일에는 성벽의 해자가 무너진 것을 확인하고 그 일을 한 석수들을 벌하고 다시 쌓게 했다. 3월 4일에는 돌 일을 하는 승군의 작업 속도가 더디다는 이유로 책임자를 매질했다. 3월 23일에는 전선을 건조할 목재를 제때 보내지 않은 죄목으로 책임자에게 곤장 80대를 쳤다. 심지어 1월 16일에는 일하다가 이웃집 개를 잡아먹은 석수에게 민폐를 끼쳤다는 이유로 곤장 80대를 치기도 했다.

1599년에 건축되었다가 1715년에 재건축된 전라좌수영의 진남관

평시에 전라좌수사의 관할 구역은 순천 도호부, 낙안군, 보성군, 광양현, 흥양현의 5관과 사도 첨사진, 여도 만호진, 발포 만호진, 녹도 만호진, 방답 첨사진의 5포였다. 이 5관 5포의 수령과 장수들은 방비 시설의 관리와 유지를 책임지고 있었다. 그들은 전선과 무기를 정원대로 보유하되 즉시 사용할 수 있도록 잘 정비해두고 있어야 했다. 그들은 부하 장졸들과 아전들이 잘 훈련된 상태로 근무하면서 임무를 제대로 수행할 수 있도록 만들어야 했다. 그들은 보다 더 효율적이고 새로운 무기와 전선을 개발하려고 노력해야 했다. 이순신은 이 모든 행동들을 휘하의 모든 장수들이 마땅히 해야 할 임무라고 생각했다.

임진왜란이 발발하기 직전 조선의 국방 체제는 진관체제에서 제승방략으로 바뀌어 있었다. 15세기 세조 치하부터 시작된 진관체제는 주변의 여러 진들을 주요 지역의 거진에 속하게 한 지역 방어 체제였지만, 적군의 대규모 침입에 비효율적인 것으로 나타났다. 16세기 명종 치하부터는 진관체제 대신 제승방략을 사용하기 시작했다. 제승방략은 유사시 방어가 필요한 장소에 각 지역의 병력을 모두 집결시키고 지휘할 장수를 중앙에서 파견하는 것이었지만, 임진왜란시 적군의 신속한 행동에 대해서 속수무책인 것으로 드러났다.

한편 16세기에 지주전호제가 실시되었다. 이것은 소작농인 전호가 토지소유자인 지주에게 지대를 바치는 제도였다. 이 제도 때문에 양인 계층이 몰락하여 군역 대상의 수가 대폭 감소했다. 또한 돈을 주고 다른 사람을 군역에 종사하게 하는 제도가 나타났다. 당시에는 돈으로 사용된 면포를 군포라 불렀으며, 정부가 직접 군포를 징수한다는 뜻으로 군역수포제로 부르기도 했다. 왜구와 여진족의 침구활동이 있었음에도 불구하고, 세종대이후 200여 년 동안 군역이 문란해졌다. 장부에는 병력이 존재했지만, 실제로는 병력이 존재하지 않는 경우가 거의 일반화되었다. 이러한 현상은 육군과 수군에서 공통적으로 나타났다. 지휘관인 장수들은 이러한 상황을 개선하려 하지 않고 계속 방치했으며, 오히려 임기 동안 군역을 치부의 수단으로 삼기조차 했다.

이러한 상황에서도 이순신은 관할 지역인 5관5포의

병력, 전선, 무기, 방어시설 등을 직접 점검하여 미비할 경우 책임자를 처벌했으며, 부족한 부분들을 채우고 낡은 곳을 보수하였다. 이러한 행동들은 대부분 전라좌수사라면 당연히 해야 하는 본연의 임무들이었다. 이순신은 다른 장수들에 비해 특별한 행동을 한 것이 아니라 불법적인 관례를 따르지 않고 규정에 따라 자신이 해야 할 일들을 했던 것이다.

전시가 되자, 이순신이 해야 할 일은 더 많아졌다. 가장 중요하고 시급한 일은 전선을 확보하고 그 척수를 늘리는 것이었다. 이순신은 전란이 발발한지 2개월 후인 1592년 6월 22일 전선을 건조하기 위해 목수 214명을 동원했다. 그 다음 해인 1593년 9월에는 전라, 경상, 충청 삼도에서 총 250척의 전선을 건조하는 계획을 조정에 보고했다. 그 중에서 60척을 건조할 계획이었던 전라좌수영은 1594년 초까지 35척을 건조했다. 전쟁 초기에 25척 안팎이었던 전라좌수영의 전선은 이듬해인 1593년 5월 14일에는 전선 42척과 사후선 52척으로 증가했다.(1593년 5월 14일 장계) 1597년 2월 체포될 때 후임자인 원균에게 인계한 전선은 약 180여 척이었다. 그러나 칠천량 해전의 대패로 1597년 8월 18~19일 이순신은 배설로부터 12척의 전선만 인수할 수 있었다. 고하도에 주둔했던 약 3개월 반 동안에도 전선을 건조하려고 노력했으며, 그 결과 고금도로 진을 옮긴 1598년 2월 17일에는 53척의 전선을 보유할 수 있었다. 이러한 전선 척수의 증가는 "사방으로 사람을 보내 조선기술자들을 불러 모았던" 이순신의 리더쉽과 연해지방 백성들의 전폭적인 지원 때문에 가능했다.

이순신에게 두 번째로 중요한 일은 병력을 확보하는 것이었다. 원래 해안과 섬에 사는 주민들은 수군에서 근무하게 되어 있었다. 지상군과는 달리 수군은 바다와 선박을 알아야 하고 해상 활동의 경험이 있어야 근무할 수 있는 특수성을 갖고 있었다. 그런데 전란 초기의 지상전에서 연전연패하는 바람에 다급해진 지상군은 눈에 띄는 장정들을 장소를 가리지 않고 닥치는 대로 징발해갔다. 이순신은 전란이 발생한지 1년 9개월 후인 1594년 1월에 올린 장계에서 "1년이 다 지나도록 파수해야 하는 수부와 격군이 끝내 교체되지 못하고" 있음을 조정에 알렸다.

거북선에서 격군들이 노를 젓는 모습

잔잔한 바다에서 노를 젓는 것은 무척이나 힘든 노동이었다. 아무리 체력이 좋더라도 몇 시간동안 계속 노를 젓는 것은 불가능했다. 더욱이 파도와 풍랑이 일거나 비바람과 강풍이 불 경우에는 노젓기가 훨씬 더 어렵고 힘들었다. 임진왜란 시기에 대부분의 격군들은 선상에서 주거생활을 하였다. 수개월 동안 선상생활을 하는 것은 참기 어려운 고통이었다. 여름에는 한없이 덥고 겨울에는 한없이 추운 것이 선상생활이었다. 그런데 이때는 전시였다. 이순신의 항해는 여유를 갖고 느긋하게 하는 항해 훈련이 아니라 실전을 하기 위한 항해였다. 전투에 돌입하면, 각 전선은 전투가 끝날 때까지 전속력을 내야 할 경우가 많았다. 그러기 위해서는 격군들은 함성과 화약 그리고 피비린내 속에서 전력을 다해 노를 저어야 했다. 그러므로 고통스러운 선상생활을 할 수밖에 없는 장졸들은 몇 개월이 지나면 휴식을 할 수 있도록 반드시 교대해 주어야 했다. 그런데 이순신은 1594년 초에 이르렀을 때 1년 동안 선상생활을 한 전선의 승조원들을 교대시켜주지 못하였다. 각 고을과 진포에서 교대 병력을 보내주어야 했음에도 불구하고 보내주지 않았기 때문에, 이순신에게는 교대해 줄 병력이 없었던 것이다.

이순신은 궁여지책으로 1594년 2월 7일 휘하의 수군을 다시 편성하고 격군들을 다시 배치했다. 그 해 8월 25일에는 관할 하에 있는 여러 수군진과 섬 그리고 해전을 했던 곳들을 둘러보고 16개의 수군진을 8개로 통폐합하였다.

이처럼 교대시켜주지 못했지만, 이순신은 장졸들을 계속 훈련시켰다. 그는 6일에 한 번 꼴로 혼자 혹은 부하들과 함께 활을 쏘았다. 그는 부하들에게 활을 쏘게 하고 시합까지 하게 했다. 평시에 4일에 한 번 꼴로 활을 쏜 것에 비해 그 빈도가 낮았지만, 이는 전시이기에 어쩔 수 없는 일이었다. 그는 전선들을 이끌고 해상에서 조련을 했다. 또한 그는 부하들에게 검술을 연마하게 했고, 전라도에 있던 투항한 왜인들을 모아 조총 사격 연습을 시켰다. 1597년 명량 해전 이후 고군산열도까지 북상했다가 약 한 달 반 후에 고금도로 남하했을 때, 이순신의 병력은 1000명이었다. 그 후 1598년 2월 16~18일에 고금도로 이진했을 때에는 병력이 8000명이었다. 이순신은 3개월 반 만에 병력을 8배로 증가시켰다.(『징비록』)

세 번째로 중요한 문제는 군량의 확보였다. 부산에 상륙한 일본군이 한성을 향해 직진했기 때문에 전라도 지역은 일본군의 침략을 받지 않았다. 그 덕분에 전란 초기에는 이순신이 군량을 비축미로 충당할 수 있었다. 게다가 그에게는 의주로 몽진해 있는 왕과 그 일행들을 위해 다소의 군량을 행재소까지 해상으로 수송하는 여유까지 있었다.

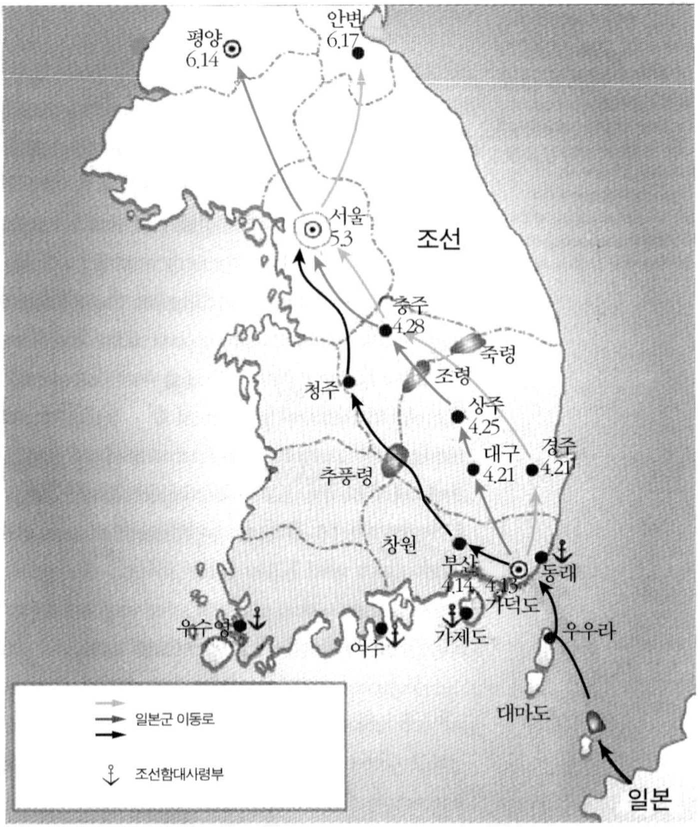

임진왜란 초기 일본군의 진격로

그러나 전쟁이 장기화되자 문제가 발생하기 시작했다. 전란이 발발하고 1년 4개월이 지났을 때, "물력이다 소진되고 명군의 식량과 물건을 대느라" 전라도 지역이 일본군에게 점령당한 지역보다 더 큰 피해를 보았다. 그는 "해상에서 굶고 병든 군졸로 저 소굴에 있는 적을 공격하기에는 별다른 계책이 없으므로" 매우 통분해 했다(1593년 8월 10일 장계). 그로부터 8개월 후에는 수군의 군량을 대는 전라도의 고을들이 지상군의 군량과 경상우도 수군의 군량 및 피난민 구제용 양곡까지 대는 바람에 군량이 2개월분만 남아 있었다(1594년 3월 10일 장계).

이순신의 일기에서는 군량 문제가 1594년부터 많이 나타난다. 1593년에 15회 나타나던 것이 1594년에는 30회, 1595년에는 40회, 1596년에는 29회로 거의 두 배나 많이 거론되고 있다. 그는 군량을 해결하기 위해 1593년 후반기에 둔전제의 실시를 조정에 건의하여 허락을 받았다. 둔전제는 그해 말부터 실시되었다. 둔전제는 전라도 남해안 일대의 목장과 섬들을 경작지로 개간하여 농사를 짓게 하는 제도였다. 관에서 경작을 지휘하거나 병사들이 직접 경작한 경우는 드물었다. 주민들이 둔전을 병작했으며, 아니면 피난민이나 유망

민이 경작했다. 병사들은 감독관으로 극소수만 파견되었다. 수확물은 실제 경작자가 일부를 갖고, 나머지는 관청이나 군이 가져갔다.

군량을 확보하는 다른 중요한 방법은 염장(염전)을 운영하여 소금을 만들고, 이를 팔아 곡물을 사오는 방법이었다. 1595년 5월 17일 "쇳물을 부어 소금 굽는 가마솥 한 개를 만들었다." 19일에는 저녁 때 바닷물을 끓일 가마솥을 1개 만들었다. 24일에도 가마솥을 만들었다.(1595년 5월 17, 19, 24일 일기) 1597년 10월 20일에는 전라도 서남해역의 13개 섬에 있는 염전들을 감독할 감자도감검(감독관의 명칭)으로 김종려를 임명하여 보냈다.(1597년 10월 20일 일기)

이순신은 미역과 같은 해조류를 채취하여 말리고, 청어와 같은 물고기를 잡아 건어물로 만들어 팔아 식량을 조달하기도 했다. 1595년 11월 21일 곡식과 바꾸어오라고 청어 1만3240마리를 이종호에게 주었다. 12월 4일에는 황득중과 오수가 싣고 온 청어 7천여 두름을 곡식을 사러 가는 배에 실었다.(1595년 11월 21일과 12월 4일 일기) 1596년 일기의 마지막 장에는 고기를 잡아 양식을 댄 공으로 포상한 11명의 명단과 양식을 대는 일에 힘쓴 다른 5명의 명단이 기록되어 있다. 그 밖에도 그는 사냥을 하고 칡뿌리까지 캐어 군량을 마련하기도 했다.

이순신에게 네 번째로 중요한 문제는 화약과 총통을 확보하는 것이었다. 전라좌수영의 함대는 전란이 발생한 1592년 한 해 동안 경상도 해역으로 4차례 출정을 나가 크고 작은 해전을 모두 11차례나 했으며, 그 과정에서 그동안 비축해놓았던 화약을 거의 다 사용해버렸다. 게다가 전라도와 경상도의 지상군과 의병들이 그에게 화약을 달라고 요청하는 경우도 잦았다. 화약이 태부족이었다. 이순신은 당시 극비로 간주되었던 화약제조법을 부하들에게 연구시켰는데, 그 결과 염초제작법을 알아내는데 성공하였다. 그러나 화약을 만들기 위해서는 유황이 반드시 필요하였다. 당시 조정이 유황을 국가 통제 품목으로 관리하고 있었기 때문에, 이순신은 화약을 자체에서 조달할 수 없었다. 이순신이 화약을 보내달라고 조정에 요구한 것은 바로 이 때문이었다(1593년 1월 26일 장계).

거북선에 총통을 비치한 모습

기존의 총통은 야금술이 발전하지 못했기 때문에 많이 사용할 경우 파열되거나 금이 가버렸다. 이처럼 장기간 사용에 따른 노후 총통의 교체와 새로 건조한 전선에 비치할 총통의 신규 소요도 이순신이 해결해야 할 골칫거리였다. 궁여지책으로 대나무로 총통을 만들어 시사해보았지만 실패하고 말았다(1594년 2월 17일 일기). 화약을 폭발시키는 총통을 대나무로 만들었으니 그 결과는 두말할 필요도 없었을 것이다. 소리는 났겠지만, 대나무가 어떻게 그 폭발력을 견딜 수 있었겠는가. 이순신은 당시의 상황에 대한 자신의 심정을 '우스웠다'고 표현하였다. 그러나 이 에피소드는 이순신의 무기 제조에 대한 열정이 얼마나 대단했는지 보여주고 있다. 또한 이 에피소드는 말단 수졸이 최고사령관인 통제사가 고민하고 있는 문제가 무엇인지 정확하게 알고 있었고, 수졸이 해결책을 생각해내어 최고지휘관에게 건의하자 최고지휘관이 이를 기꺼이 받아들였음을 보여주고 있다. 이 '우스웠던' 에피소드는 최고 지휘관인 이순신과 말단 사병인 수졸들과의 의사소통이 얼마나 잘되고 있었는지를 잘 보여주고 있다.

전란이 발생하면서부터 전투에서 위력을 떨쳤던 일본군의 조총은 조선군에게 공포의 무기였다. 당시 조선에서도 개인화기로서 승자총통이 있었지만, 승자총통과 조총은 그 위력과 운용 방법이 비교할 수 없을 정도로 달랐다. 이순신은 부하들과 함께 전리품으로 노획한 일본군의 조총을 연구하기 시작하였다. 그의 부하들은 마침내 1593년 8월과 9월에 일본군의 조총보다 성능이 더 우수한 조총을 만드는데 성공했다. 명나라 군사들도 이를 시사해보고 그 뛰어남을 인정하였다. 그리하여 이순신은 시제품 5자루를 조정에 올려 보내 전국에서 사용할 수 있게 했다. 그러나 전란 중이라 이 건의가 제대로 받아들여지지 않아 시행되지 못했다. 그러자 이순신은 전라도 순찰사와 병사에게 시제품을 다시 보내 전라도에서만이라도 이 조총을 널리 보급시키려고 하였다.

전력을 강화하려고 각고의 노력을 한 결과, 이순신은 1597년 2월 26일에 체포되어 서울로 압송하기 전에 후임자인 원균에게 다음의 군수품을 인계할 수 있었다.

"그때 공은 수군을 거느리고 가덕 바다로 나아가 있다가 잡아 올리라는 명령이 내렸음을 듣고 곧 본진으로 돌아와 진중의 비품들을 계산하여 원균에게 인계하니 군량미가 9914석인데 밖에 있는 곡식은 계산에 넣지 않은 것이며, 화약은 4000근이요, 총통은 각 배에 갈라 실은 것 말고 따로 300자루가 있었고, 그밖에 다른 물품들도 모두 이렇게 세어 주었다."(『행록』)

이순신이 전시에 검열이나 점검을 했다는 기록은 일기에서 2주에 한 번 꼴로 나타나는데, 그 중 절반은 이순신이 직접 검열하고 점검한 경우였다. 시설을 점검한 경우가 가장 많았고, 무기, 병력, 지형, 훈련, 항로 등도 점검하거나 검열했다. 조정에서 파견된 검열관이 검열을 한 중앙검열도 세 차례나 있었다. 그 중 한 번은 사도도체찰사 이원익이 전라도 지역을 시찰했을 때 이순신이 45일간에 걸쳐 수행한 것이었다.(1596년 윤8월 13일~9월 28일 일기) 이 시찰은 조정이 실시한 종합검열의 성격을 띠고 있었다.

이순신은 잘못이 드러난 사람에 대해서는 엄하게 처벌했다. 근무 태만, 도망이나 탈영, 강도, 약탈, 절도, 전선 관리 부실, 권한 남용, 이적 행위, 보고 불철저, 음란 행위 등의 죄목으로 처벌받은 사람은 160여 명이었다. 수사, 첨사, 만호 등의 고위장수들부터 노를 젓는 격군처럼 말단 수졸에까지 이르는 수군의 장졸들과 그리고 부사, 군사, 현감 등 최고위급 관리부터 색리와 아전 같은 하급 관리가 2/3를 차지했다. 나머지는 어부, 목수, 종, 계집 등의 일반인과 투항한 일본군이었다. 처벌받은 사람의 절반은 이순신의 직속 부하로서 전라좌수영 소속이었고, 이어서 전라우수영, 경상우수영, 충청수영 순으로 많았다.

한편, 이순신은 부하들의 사기와 복지를 위해서도 노심초사했다. 이에 대한 기록은 4일에 한 번 꼴로 일기에 나타난다. 그중에서 부하들과 함께 술을 마시고 부하들에게 음식을 나누어준 경우가 관련 기록의 2/3를 차지했다. 그는 바둑, 장기, 종정도와 같은 놀이를 직접 즐기거나 부하들이 즐길 수 있게 했다. 그는 부하들에게 씨름을 하게 했다. 그는 젓대, 퉁소, 옥저, 거문고, 가야금 등을 연주하고 노래를 부르거나 광대놀이를 공연하게 하여 부하들의 흥을 돋우었다. 그는 부하들이 휴가를 갈 수 있게 했다. 전사자나 병사자에 대해서는 장례를 지내게 했다. 그는 부하들이나 그 가족들을 문병하게 했으며, 부하들에게 포상과 치하를 했다.

이순신은 부하들의 생활 환경이 열악하다는 것을 잘 알고 있었다. 그는 비가 많이 오는 날에는 선상에 있는 부하들의 거처에 물이 새는 것을 염려했다(1594년 5월 16일 일기). 겨울철 북풍이 몰아칠 때에는 선창에 있는 부하들이 추위에 떨고 있고, 배가 계속 흔들리고(1597년

11월 1일 일기), 옷 없는 사람들이 목을 움츠린 채 떨고 있는 소리를 듣고 안타까워했다(1594년 1월 20일 일기).

부하들의 의복 문제는 더욱 심각한 상태에 있었다. 일본군은 일사천리로 진격하여 전라도를 제외한 전 국토를 유린해버렸다. 국왕과 조정 대신들은 피난을 가서 자체의 의식주도 해결하기 어려운 상황이었다. 그 때문에 이순신이 조정으로부터 군수물자를 지원받는 것은 애초부터 불가능했다. 이순신은 부하들에게 수군복을 제대로 보급할 수 없었으며, 따라서 장졸들은 복장을 스스로 마련해야 했다. 대부분의 장졸들이 입영할 때나 전란이 발발할 당시 입고 있던 수군복은 몇 해가 지나고 또한 많은 훈련과 전투를 겪으면서 헤지거나 누더기가 되어버렸다. 비록 간간히 옷감을 보급해주기는 했지만, 옷이나 옷감이 적어 소수의 장졸들만 그 혜택을 보았다. 그의 부하들 중에는 여름철 옷을 겨울철에도 그대로 입고 있는 장졸들도 있었다. 나무로 만든 전선의 선실은 외풍이 강한 곳이었다. 게다가 엄동설한에 바닷바람은 추위를 더욱 더 심하게 느끼게 했다. 이순신은 바로 이 점을 안타까워했다. 심지어 수군이면서 수군복이 없어 민간인 옷을 그대로 입고 있는 사람도 많았다. 이순신은 어느 날 그들 중 17명에게 그들에게 옷을 주었고, 한 벌씩 더 주었다 (1596년 1월 23일 일기).

이순신은 평시와 전시를 막론하고 병력의 유지와 훈련, 전선의 건조와 정비, 무기의 생산과 정비, 군량과 같은 군수물자의 확보 등을 통해 전력을 증강시키려고 노력했다. 그는 계속되는 검열과 점검, 엄격한 신상필벌을 통한 부대의 기강 확립, 격려와 배려 그리고 사랑을 바탕으로 한 사기와 복지의 향상을 통해 부하들의 전투의지를 최대한으로 높이려 했다. 옛날이나 지금이나 전력과 사기는 전투의 승패를 좌우하는 결정적인 요소들이다.

4
전란 초기에 왕명을 기다리면서 출전을 준비하다

전쟁 초기의 상황은 긴박했다. 조선군은 지상전에서 연전연패하고 있었다. 부산진성과 동래성이 차례로 함락되었다. 선조는 여진족 정벌에서 공을 세워 조선 최고의 장수로 불리던 신립 장군을 4월 28일 조선군 총사령관에 해당하는 삼도순변사로 임명했다. 조정에서 적군을 일거에 소탕하겠다고 큰소리쳤던 그는 조령이 아닌 탄금대로 결전지를 잘못 선택하는 결정적인 실수를 했다. 또한 그는 일본군의 무기체계와 전술에 대해 아는 것이 없었다. 결국 그는 조선군을 전멸시키고 자신도 전사했다. 그 후부터 조선군은 속수무책으로 당하기만 했으며, 제대로 대응조차 할 수 없었다.

일본군은 조선군으로부터 별다른 방해를 받지 않고 부산에 상륙한지 20일도 채 되지 않아 한성을 점령했다. 한성이 점령되기 직전, 왕은 대신들을 이끌고 임진강을 건너 평양을 거쳐 의주로 피신하였다. 도로망이 현대처럼 발달되지 않은 상황에서, 자기 나라가 아닌 다른 나라에서, 게다가 일부 장수들만 말을 탈 뿐 대부분의 병사들이 걸어서 행군하던 상황에서 이처럼 짧은 기간에 사태가 이렇게 전개된 것은 거의 불가사의한 일이었다. 왕의 의주로의 몽진은 조선의 국방 시스템을 완전히 붕괴시키고 말았다. 왕이나 조정이 전쟁 국면을 지휘하고 전투를 지시하는 체계, 병력을 동원하고 배치하는 체계, 군수품을 조달하여 일선 부대에 지원하는 체계, 백성을 위무하여 전쟁과 전투에 협조하게 하는 체계 등 전쟁을 수행할 수 있는 능력을 거의 상실해버린 것이나 다를 바 없었다.

이순신은 사태가 이렇게 악화된 원인이 무엇인지 잘 알고 있었다.

"신의 어리석은 생각으로는 오늘날 적의 세력이 이 같이 왕성하게 되어 우리를 업신여기는 것은 모두 해전을 통해 막아내지 못하고 적을 마음대로 상륙하게 했기 때문입니다. 그런데 경상도 연해안 고을에는 깊은 도랑과 높은 성이 있는 든든한 곳이 많은데, 성을 지키던 비겁한 군졸들이 소문을 듣고 간담이 떨려 모두 도망갈 생각만 품었기 때문에 적들이 포위하면 반드시 함락되어 온전한 섬이라고는 하나도 없습니다.

지난번 부산과 동래의 연해안 여러 장수들만 하더라도 배들을 잘 정비하여 바다에 가득 진을 치고 엄격한 위세를 보이면서 정세를 보아 전선을 알맞게 병법대로 진퇴하여 적을 육지로 기어오르지 못하게 했더라면 나라를 욕되게 한 환란이 반드시 이렇게까지는 되지 않았을 것입니다. 생각이 이에 미치매 분함을 참을 수 없습니다."(1592년 4월 30일 장계)

이순신은 일본군이 침략한지 이틀 후인 4월 15일에 경상좌수사 박홍의 공문을 보고 침략 사실을 알았다. 이순신은 예하 수군진과 관청에 전쟁을 준비하라고 지시했고, 침략 사실을 동료 지휘관인 전라우수사와 상관인 전라관찰사와 전라병마절도사에게 통보했다. 경상도관찰사는 전라좌수사인 이순신에게 부산, 동래, 양산의 함락 사실을 20일 통보하면서 전선을 지원해 달라고 요청했다. 조선시대에는 조정이나 왕의 허락 없이 장수가 자신의 관할구역 밖으로 이탈하거나 병력을 이동하는 것은 역모죄에 해당했다. 이순신은 조정의 명령을 기다리는 동안 휘하의 수군과 관포에 전선을 정비하고, 다음 명령을 기다리라고 지시하였다. 조정의 출전 허락 명령은 26일과 27일에 도착했다. 이순신은 자기 관할 하에 있던 5관5포의 전선들을 본영 앞바다에 집결시키라고 명령했으며, 29일에 출전한다는 계획을 세웠다.

이순신은 함대를 편성하고 경상우수영의 전선들과 상봉 예정지를 정한 후 최초 계획보다 하루 늦은 30일 새벽에 출전한다는 계획을 세웠다. 그러나 이 출전 계

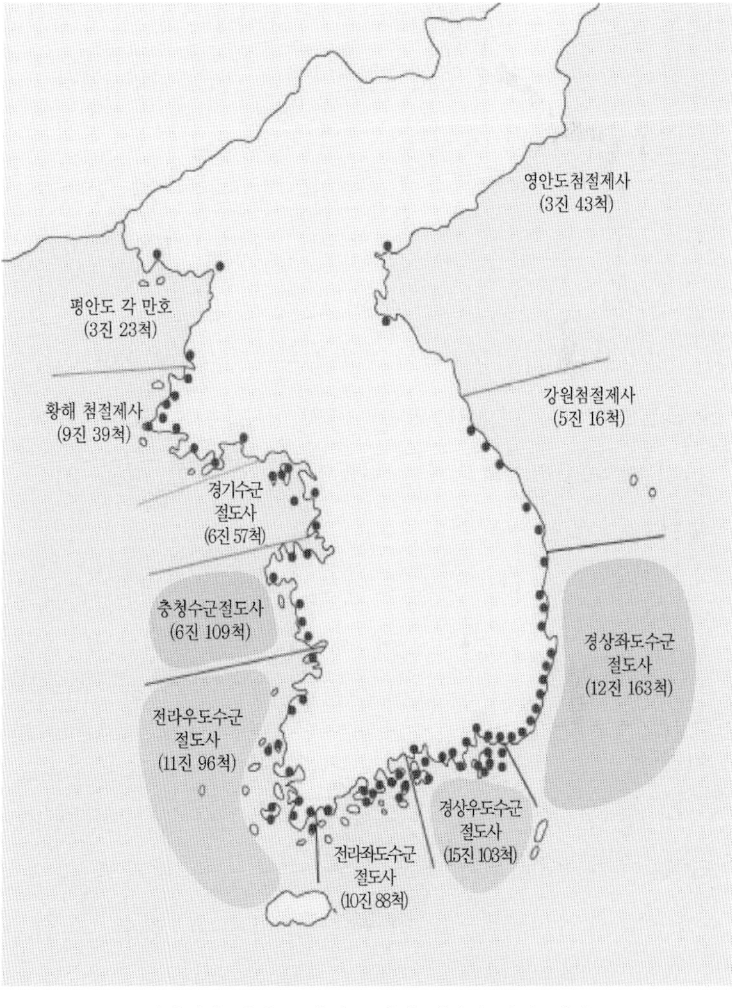

임진왜란 직전 조선 수군진의 배치와 관할 해역

획도 연기되고 말았다. 왜냐하면 전라우수영 전선들의 도착이 지연되고 있었기 때문이었다. 이순신은 전라우수영의 전선들이 30일에야 출항할 예정이라는 소식을 전해 들었다. 전라좌수영 소속의 전선들은 5월 1일 본영 앞바다에 집결하였다. 그러나 3일이 되었는데도, 전라우수사와 전선들은 오지 않았다. 더 이상 기다릴 수 없다고 생각한 이순신은 4일 동틀 무렵에 전라좌수영 소속 판옥선 24척, 협선 15척, 포작선 46척으로 총 85척을 이끌고 드디어 출항하였다. 이것이 바로 이순신의 제1차 출전이었다. 이순신은 왜군의 침략 사실을 인지한지 만 20일 만에 출전한 셈이었다. 전라우수사 이억기는 2차 출전 기간에 해당하는 1592년 6월 4일 당포 해전이 끝난 후에야 비로소 전선 25척을 이끌고 이순신의 함대와 합류했다.(1592년 6월 14일 장계)

이순신은 출전하거나 해전을 하기 전에 반드시 적군에 대한 정보를 수집했다. 일기에는 정보 수집과 관련된 기록이 4일마다 한 번 꼴로 나타난다. 강풍, 추위, 높은 파랑, 파도 등 해상조건이 좋지 못한 겨울철에는 적군이나 아군이나 간에 모두 해상에 배를 띄워 항

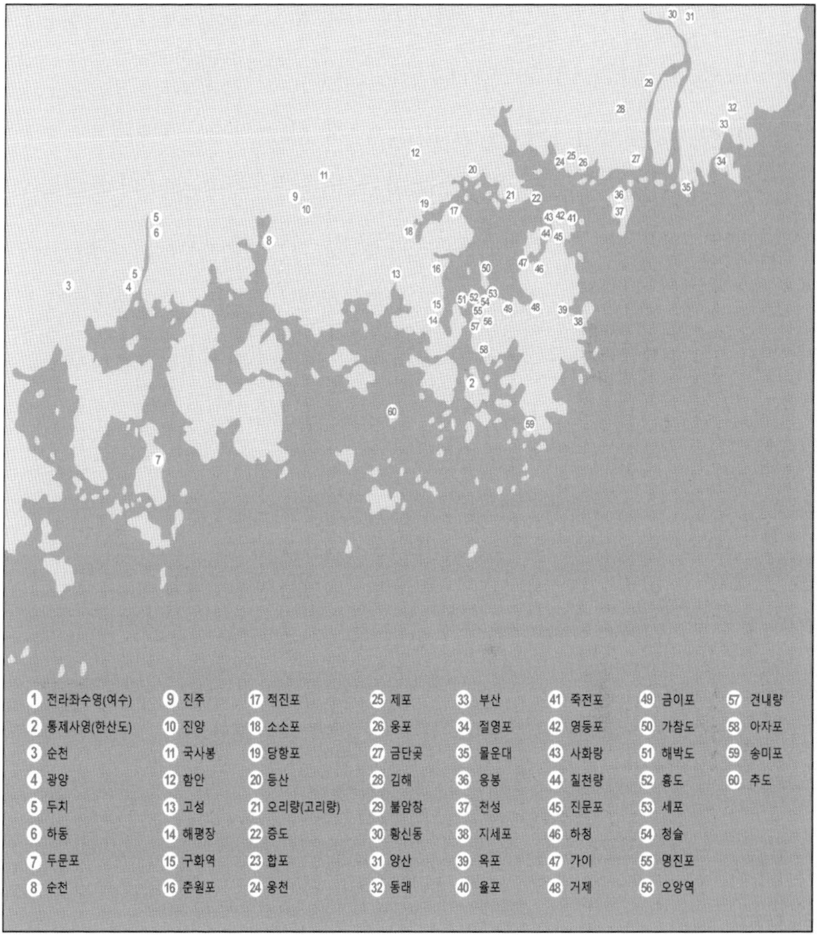

이순신이 정보를 수집한 지역

해하기가 어려웠다. 2월에서 9월까지 집중적으로 정보를 수집한 것은 이 때문이었다. 가장 많이 이용된 수집 방법은 선박에 망군을 태워 내보내는 것이었다. 이때 이순신은 탐선, 탐후선, 복병선, 척후선, 가볍고 빠른 배를 지칭하는 경예선, 또한 수색과 토벌을 하는 배를 지칭하는 수토선 등으로 불리는 배들을 이용했다. 그러나 그는 포로가 되었다가 도망친 아군 장졸과 백성, 항복한 일본군, 피난민들을 통해서 정보를 수집하기도 했다. 이순신이 정보를 집중적으로 수집하려 했던 곳은 경상도와 전라도의 경계 지역인 광양과 두치, 거제와 통영 사이의 협수로를 중심으로 한 진해만 일대 연해안, 거제도와 진해 사이의 가덕 수로, 일본 침략군의 주기지가 위치한 부산과 동래, 경상도 남해안의 주요 수로인 가덕 수로와 견내량, 그리고 경상도에서 전라도로 넘어오는 주요 길목인 진주와 섬진강 하구였다.

정유재란이 발생한 후 명량 해전이 발생한 1597년 9월 16일까지는 이순신은 주로 탐망군을 육지로 파견하여 정보를 수집했다. 그 이후에는 육로와 해로를 동시에 이용하여 정보를 수집했다. 그 이유는 칠천량 해전에서 대패한 후 전선이 부족하고 또한 수로에 박식한 사람과 선박 운용술이 뛰어난 사람이 부족했기 때문이었다.

명량 해전 이전에는 조선군과 일본군 모두 병력을 급박하게 이동했고, 정세도 긴박하게 돌아갔다. 이 무렵, 이순신은 일본군의 이동로와 정박지 주변에서 병력 이동이나 적정을 탐지하는 경우가 많았다. 명량 해전 이후부터 1597년 말까지의 시기에는 그가 주로 서남해역의 적정을 살피는데 주력했지만, 간혹 경상도 해역의 정보를 수집하기도 했다. 특히 1597년 10월 중순까지는 그가 고하도에서 가까운 곳에 위치한 해남 지역에 대한 정부를 집중적으로 수집했다. 이순신은 자신의 주둔지에 대한 안전에 그만큼 신경을 많이 썼으며, 향후 출전하게 될 해역에 대해서도 정보를 수집하려고 노력했다.

작전을 전개하거나 전투하기 전에 주요 참모들이나 휘하 지휘관들과 군사회의를 하는 것은 아군의 작전이나 적군에 대한 정보를 공유하기 위해 반드시 필요한 일이다. 군사 회의는 오늘날 작전 회의에 해당하였다. 일기에서 이순신이 군사회의를 했다는 기록은 보름에 한 번 꼴로 나타난다. 수군 장수들과 지방 수령들은 이 회의에 참가하여 적군에 대한 공격, 적군의 동향, 적군의 세력, 출전, 수군 관련 사항, 방어와 방략 등을 주로 논의했다. 이순신은 이 회의를 통해 다른 사람의 의견을 들으려 했다. 그럴 때마다 자신의 신분이나 계급을 내세우지 않았으며, 언로를 열어 놓으려고 노력하였다. 이러한 모습은 다음과 같은 글을 통해 분명하게 알 수 있다.

"순신이 한산도에 있을 때 운주당이란 정자를 짓고, 밤낮으로 그곳에서 모든 장수들과 군사적인 문제를 의논하였다. 비록 말단 졸병이라도 군사에 관한 의견을 말하고 싶은 사람은 언제든지 와서 고하고 군사적 정황을 논하게 했다. 또 전투를 하려 할 때 모든 장수들을 모아 계략을 모은 다음에 나가서 싸웠기 때문에 한 번도 패한 일이 없었다."(『징비록』)

이 인용문은 1593년 7월 이후에 군사 회의를 개최한 사실을 보여주고 있다. 그러나 이순신이 군사 회의를 시작한 것은 1차 출전을 나가기 직전부터였다. 1592년 4월 27일 그는 여러 장수들을 "모이게 하여 거듭 약속을 밝힌 뒤에 즉시 출전할 계획"이라고 장계를 올려 보냈다. 그는 며칠 뒤인 5월 1일자 일기에 다음과 같이 기록했다. 여수의 좌수영에 있는 "진해루에 앉아서 방답 첨사, 홍양원, 녹도 만호들을 불러들였다. 그들은 모두 분격하며 제 한 몸을 잊어버리는 것이 과연 의사들이라 할 만하다." 그 다음날인 2일에는 "오정 때 배를 타고 바다로 나가 진을 치고 여러 장수들과 함께 약속하니 모두 즐거이 나갈 뜻을" 품었다고 기록했다. 여기에서 약속한다는 것은 출전과 전투에 대한 작전 회의를 개최했다는 뜻이었다. 이러한 기록은 이후 이순신의 일기나 장계에 계속 나타나고 있는데, 이는 그가 항상 중요한 순간마다 여러 장수들과 회의했음을 알 수 있게 해 주고 있다.

5
조선시대 중엽에 근대적인 전략과 전술을 구사하다

일본군 지휘부는 원래 수군을 지상군을 수송하는 부대로만 간주하고 수군 장수들을 지상군의 진격에 가담하게 했다. 1592년 7월까지 실시된 이순신 함대의 1차와 2차 출전에 의해 자국의 많은 전선들이 여러 곳에서 격파되고 소각되자, 일본군은 수군 장수를 수군에 원대 복귀시켜 조선 수군과 맞서 결전을 하게 했다. 그러나 7월 8일 한산도 해전에서 패배한 이후에는 일본 수군의 함대가 견내량의 서부 해역으로 나아 갈 생각을 하지 못하고 수세 전략으로 바꾸었고, 병력과 군수물자의 수송에만 몰두했다. 바대로 이순신이 투옥된 이후부터는 일본 수군이 공세 전략과 해상 결전 전략을 사용하기 시작했으며, 칠천량 해전에서 승리한 후에는 실제로 남해안 서쪽으로 항진해갔다. 그러나 이 서진은 명량 해전의 패배로 중단되었다. 일본군은 이때부터 시작하여 순천 왜교성까지 후퇴하는 전략을 사용했다. 일본 수군의 전략은 해상 결전을 피하고 일본군의 퇴각과 귀국을 지원하는 것으로 다시 바뀌었던 것이다.

이순신은 바다로부터 오는 적을 바다에서 막는 것이 가장 효율적인 방책이라고 생각했다. 원균이 지휘하는 경상도의 수군 장수들이 해상에서 적을 막으려 하지 않은 사실을 알고 그가 통분한 이유는 바로 이것이었다. 1차 원정 때부터 자신의 전선이 부족하다고 판단한 그는 전라우수영의 전선들과 합세하여 출전하려고 했다. 또한 그는 적은 척수이기는 하지만 경상우수사의 남아있는 전선들도 출전 도중에 합세하기를 원했다. 그는 출전할 때마다 최소한의 수비군만 남겨두고 가능한 한 많은 병력을 동원하려고 했으며, 해전을 할 때마다 출전한 모든 세력을 해전에 참여시키려 노력했다.

조선의 군사 전략은 16세기 중엽에 진관체제에서 제승방략으로 바뀌었다. 그러나 수군은 이 두 전략을 동시에 사용했다. 수군절도사의 수영은 진관체제의 주진이었고, 첨사진은 거진이었으며, 만호진은 제진이었다. 수사는 제승방략에 따라 유사시 관할해역을 방어할 책임을 갖고 있었다. 이순신은 임진왜란이 발발하자 진관체제의 기능을 보유하고 있던 5관5포의 모든 전력을 제승방략에 따라 주진인 본영에 집결시켜 전장에 투입했다. 이때 전라우수영과 경상좌수영의 함대는 조정의 지시에 따라 작전에 합세했다. 작전 해역도 조정의 지시에 따라 경상도 해역으로 확대되었다.

이순신은 일본 함대의 길목을 차단하는 전략을 사용했다. 길목은 현대 용어로 해로나 해상교통로를 뜻했다. 그는 자신의 본영이 위치한 지리적 조건 때문에 이 전략을 자연스럽게 사용할 수 있었다. 전라좌수영이 있었던 여수는 남해안 중간 지점으로서 일본군이 장악하고 있는 경상도 해역과 접경해 있었다. 일본 수군이 신속하게 진격하고 있던 지상군에게 군수물자를 보급하고 지상군과 합동작전을 전개하려면, 부산 일대의 해역에서 남해를 서진하여 서해로 북상해야만 하였다.

여수 해역은 일본 함대와 서진하는데 반드시 지나가야만 하는 곳이었다. 길목 차단 전략은 남해 중부의 해역에서 일본 함대의 서진 작전을 방해하기 위한 것이었다. 조정에서도 길목을 차단하고 있다가 적을 섬멸하라고 이순신에게 지시했다. 우부승지 유몽정이 1592년 12월 28일자로 작성해 이순신에게 보낸 서장에는 명군이 계속 공격하여 일본군이 후퇴할 것이니, "그대는 수군을 거느리고 기회를 따라 길목을 잡아 누르고 협력해 적을 무찔러 죽이도록 하라"는 내용이 들어 있었다.(1593년 1월 22일과 26일 장계)

제6차 출전 이후부터는 길목 차단 전략이 더 노골적으로 드러났다. 1593년 5월 7일에 출전한 이순신은 6월 16일부터 견내량 사수작전을 전개하였다. 그로부터 한 달 뒤인 7월 15일에는 이순신이 한산도 두을포에 전진 기지를 설치했다. 8월 15일 삼도수군통제사에 임명된 후에는 그가 통제영을 한산도에 설치했다. 견내량을 사수하려는 작전은 일본의 전선 800여 척이 웅천, 제포, 안골포로 이동한 것을 보고 일본 수군의 서진이 예상되었기 때문에 취한 방책이었다. 이순신은 초기에는 자신의 본영에서 그리고 중기부터는 견내량과 한산도에서 일본 수군의 길목을 차단하여 방어하는 전략을 사용했던 것이다.

여수에서 한산도로 진영을 옮긴 것은 이순신의 전략이 제승방략에서 첨방전략으로 바뀌었음을 의미하기도 했다. 첨방전략은 전력을 일선에 전진시켜 배치하는 전략을 의미하였다. 이 전략은 정유재란 기간에도 사용되었다. 이순신이 통제영을 고군산열도에서 남쪽으로 내려와 목포 고하도로 그리고 남해의 고금도로 다시 옮긴 것은 첨방전략에 따른 조치였다. 이것은 연안을 방어하는 해상 거부 전략이 모든 전선을 집결시켜 함대끼리 결전을 하려는 해상 통제 전략으로 바뀌었음을 뜻했다. 오늘날의 관점에서 보면, 적 함대의 위협이 존재했기 때문에 이 전략을 사용하는 것은 당연하고, 누구나 생각할 수 있는 전략이었다. 그러나 당시에는 기존 관념에서 벗어나 이 전략을 구상하고 실행한다는 것은 누구도 생각할 수 없는 것이었는데, 이순신은 그렇게 했다.

이순신은 적 함대를 찾아 격멸하는 선제 전략을 사용했다. 이 전략은 치밀한 정부 수집과 선봉대의 운영 때문에 가능했다. 이순신과 그의 함대가 여러 차례 출전한 것은 이 전략을 수행하기 위한 장거리 원정이었다. 그러나 이 전략은 칠천량 해전 이후에 수세 전략으로 바뀌었다. 회령포, 이진, 어란포, 장도, 벽파진, 우수영으로 계속 진영을 옮긴 것은 일본 함대가 서진하고 있었기 때문이었다. 벽파진 해전과 명량 해전은 조선 수군이 출전하여 적선이나 적 함대를 찾아다니다가 실시한 다른 공격적인 해전과는 달리 적의 공격을 받아 치른 수세적이고 방어적인 해전이었다. 이 수세 전략은 고하도로 진영을 옮겼을 때에야 비로소 공세적인 첨방전략으로 다시 바뀌었다.

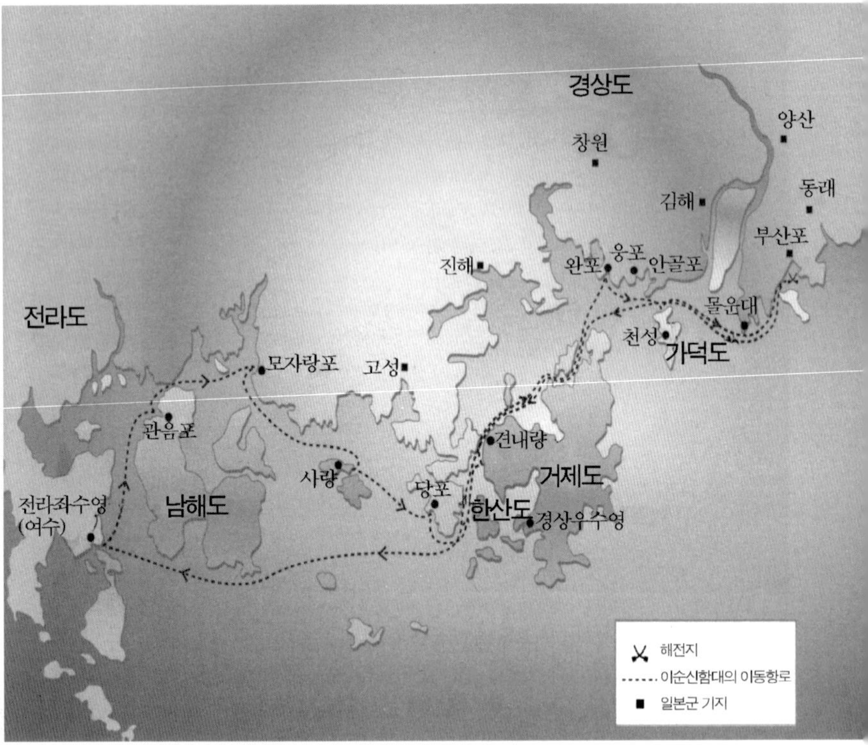

적의 기지를 공격한 이순신 함대의 4차 출전도

이순신은 적군의 주요 기지를 공격하는 전략을 사용했다. 이 전략은 4차 출전 때 사용되었다. 이순신은 1차 출전과 2차 출전 때 주로 진해만에서 발견된 소규

모 적선들과 여러 차례 해전을 했다. 3차 출전의 한산도 해전에서는 거의 대등한 세력과 유능한 지휘관을 갖춘 적 함대와 정면으로 맞서 전투를 했다. 자신감을 갖게 된 이순신은 4차 출전 때 수적 열세에도 불구하고 주요 기지가 있는 부산포를 공격할 수 있었다. 부산포의 기지는 조선에 주둔 중인 일본군의 총사령부에 해당하였다.

그러나 4차 출전 이후에는 이 전략을 구현하는데 어려움이 따랐다. 이순신이 1593년 5월 10일과 14일에 받은 우승지의 서장에는 부산에 있는 적을 격멸하라는 내용이 들어 있었다. 이순신은 "창원, 김해, 양산의 적들도 꼼짝하지 않은 채 감추어 놓았던 수많은 배를 가덕도 앞바다로 내어 진을 치고 웅천의 여러 적과 함께 남북으로 나뉘어 부산을 파수보고 막고 있으므로, 이 적들의 소굴을 버려두고서는 부산으로 깊이 들어갈 수 없다"는 사실도 알았다.

적들도 조선 수군의 함대가 공격해 오는 공격로의 길목을 지키고 있었다. 그가 보기에, "숨만 붙어있는 잔악한 적들이 명나라의 위협을 겁내어 서로 다투어 바다를 건너갈 무렵에 이 길목에 막혀 진작 진격하지 못한다면, 천지에 사무친 치욕을 씻을 길이 없을” 것 같았다.(『임진장초』)

이순신이 사용한 전략에는 자신의 함대를 보호하고 유지하여 적 함대에게 위협을 주고 적군의 작전을 견제하는 현존함대의 전략도 있었다. 자신의 함대를 보호하고 유지하려는 전략은 조선군에게 ‘믿을만한 세력이 수군뿐’이며, 조선 수군이 패하면 조선군 전체가 더 이상 버틸 수 없게 될 것이라는 이순신의 생각에서 비롯되었다. 일본 수군에게는 초기의 접전에서 연패한 이후로 이순신과 그의 함대가 존재하는 것 자체가 두려움의 대상이었다. 자신들의 주요 본거지라 할 수 있는 부산포에서 장거리를 항해해온 이순신의 함대를 맞이했을 때에도 400척이 넘는 일본의 수군들은 해전을 기피하고 상륙하여 지상에서 싸우려 했다. 이것은 일본 수군이 수군임을 스스로 포기한 것이나 다름없었다. 일본 수군은 사실상 1차 출전의 연패 이후 줄곧 이러한 경향을 보였다. 안골포 해전과 웅포 해전이 그 대표적인 사례였다. 이 현존함대 전략은 토요토미 히

데요시가 자신의 수군에게 이순신의 함대와 해전을 하지 말라는 금지명령을 하달하게 만들었다. 이순신이 현존 함대 전략을 사용하자, 일본 수군도 같은 전략을 사용하게 되었던 것이다.

이순신은 적군의 후퇴나 철군 항로인 귀로를 차단하고 적 함대를 격파하는 전략도 사용하였다. 의주로 피해 있던 조선 조정은 명군이 진격하여 한성을 수복한 것을 계기로 전쟁에서 승리할 수 있다는 자신감을 갖게 되었다. 명군의 진격으로 일본군이 후퇴할 때 퇴각로를 끊어 섬멸하라는 우부승지의 서장이 1593년 1월 22일 이순신에게 전달되었다. 그로부터 3일 후에는 명군이 평양을 탈환했으니 "수군을 정비하여 힘을 가다듬어 기회를 기다렸다가 그들의 귀로를 막아 해전으로 모두 죽여 버리고 나라의 치욕을 크게 씻도록 하라"는 좌부승지의 서장이 전달되었다. 같은 해 5월 2일에는 "부산과 동래 사이에 일본 선박이 많이 도착했으며, 현재 병력이 증가하고 있으니" 수군을 정비하여 적선을 당파하고, 적군이 마음대로 상륙하지 못하게 하라는 좌승지의 서장이 도착했다. 이순신은 이 명령들을 근거로 3월 5월까지 웅천 일대의 일본 수군을 여러 차례 공격하였다. 웅천에 대한 공격은 부산을 공격하기 위한 사전 정지 작업이었다. 부산을 공격하는 것은 부산에 주둔해있는 일본 수군을 격멸하기 위한 것이었다. 부산의 일본 수군에 대한 공격은 귀국하려는 적군을 격멸할 뿐만 아니라 적의 귀로수단을 없애기 위한 것이기도 했다. 그런데 적의 귀로 차단 전략이 가장 잘 드러난 것은 노량 해전이었다. 귀로 차단 전략은 적 함대의 격멸 전략과 함께 이순신이 마지막으로 사용한 전략이었다.

이순신은 어떻게 싸웠을까? 이순신이 싸운 해전들의 양상은 8가지였다.

① 적 함대를 포위 → 거북선의 돌격과 총통 발사 → 적 함대의 응사 → 주력함대의 공격과 사격 → 적군이 상륙 후 도주 → 적선을 당파분멸(사천 해전·제1차 당항포 해전)

② 선봉전대가 적 함대를 공격 → 적 주력함대의 출동 → 선봉전대의 거짓 퇴각 → 적 주력함대의

추적 → 너른 바다에서 일제 반전 공격 → 적선을 분멸(한산도 해전)

③ 적선의 산기슭 항해나 정박 → 주력함대의 공격 → 적군이 상륙하여 도주하거나 적군의 지상 응사 → 적선을 당파분멸(옥포 해전·제2차 당항포 해전·적진포 해전·부산포 해전)

④ 유인 작전을 전개 → 적선의 불응과 지상 대응 → 원거리 공격 → 적선을 당파분멸(안골포 해전·웅포 해전·장문포 공략전·왜교 공략전)

⑤ 아군의 상륙 → 수륙협공 → 적선과 적군을 섬멸(웅포 공략전)

⑥ 적 발견 → 적 도주 → 추격 → (적 상륙) → 적선을 당파분멸(합포 해전·율포 해전)

⑦ 결진 대기 → 적 선봉대와 전투 → 적 선봉대를 당파분멸 → 적 주력의 후퇴(명량 해전)

⑧ 양측 주력부대의 조우 → 혼전 → (해안으로 압박 → 적 상륙 혹은 일부 도주) → 적선을 당파분멸(절이도 해전·노량 해전)

이순신이 사용한 전술은 전투 때마다 달랐다. 조선의 항구와 포구 그리고 굴강과 항만은 대체로 넓지 않았으며, 방파제 시설도 열악했다. 따라서 많은 전선이 동시에 항만으로 진입하여 전투하는 것은 어려웠다. 게다가 수심이 낮고 기동할 수 있는 공간이 좁아 아군 전선끼리 충돌할 가능성까지 있었다. 이순신은 이 점을 감안하여 유인 전술을 펼쳤다. 먼저 소수의 전선이 항만에 진입하여 정박 중인 적 함대를 자극하고 충동질했다. 이에 대응하여 적 함대가 추격하고 공격해오면, 싸우면서 후퇴하였다. 너른 해역 즉 외해에서 결진하여 대기하고 있던 이순신의 주력함대는 적 함대가 너른 바다에 도착했을 때 포위 전술을 사용하여 공격하기 시작했다.

2차 출전의 사천해전 이후 칠천량 해전까지 거의 모든 해전에서 거북선은 공격의 선봉을 맡았다. 거북선은 적진 속으로 직접 돌진해 들어갔다. 거북선은 돌격하면서 먼저 총통을 발사하기 시작하였다. 총통은 사정거리가 길고, 파괴력도 크며, 적에게 위압과 공포를 불러일으킬 수 있는 큰 소리를 내는 이점이 있었다.

양 함대의 거리가 가까워지면, 이순신은 일반 화살과 불화살(화전) 그리고 신기전을 발사하게 했다. 그 이유는 적군을 죽이고 적선을 불태우기 위해서였다. 조선의 전선과 일본의 전선은 모두 목선이었기 때문에 불에 가장 취약했다. 총통과 불로 공격한 것은 이 약점을 이용하는 전술이었다.

문학진 화백이 1978년에 그린 옥포해전도

판옥선도 거북선과 같은 방식으로 전투를 했다. 적함에 접근하면서 먼저 총통을 발사하여 적함을 파괴했으며, 거리가 가까워지면 화살을 쏘아 적군을 사살하고 불화살과 신기전을 쏘아 적함을 불태웠다. 이것이 바로 이순신이 사용한 당파 분멸 전술이었다. 당파는 총통으로 적선을 파괴하는 것을 그리고 분멸은 적선을 소각시켜 버린다는 것을 의미하였다.

당파 분멸 전술은 아군과 적군의 장점과 단점을 잘 파악했기 때문에 사용할 수 있는 전술이었다. 일본군의 검술, 창술, 그리고 조총의 위력은 대단했다. 또한 일본군은 히데요시가 일본 천하를 평정하던 수 십 년 동안 많은 실전 경험을 쌓을 수 있었다. 반면에 조선군은 실전 경험은 커녕 훈련조차 제대로 되어 있지 않은 상태였다. 이순신은 일본군의 백병전 능력과 지상전 능력이 조선군보다 훨씬 우수하다는 것을 임진왜란 초기에 일본군이 연전연승하고 파죽지세로 진격하는 것을 보고 알았다. 그리하여 이순신은 해전을 하다가 일본군이 상륙하면 적의 전선만 분멸해버렸을 뿐, 상륙하여 지상전을 감행하려 하지는 않았다. 이러한 지상전이나 지상추격전을 회피하는 전술은 첫 해전인 옥포 해전부터 마지막 해전인 노량 해전에 이르기까지 전란기간 내내 이순신에 의해 계속해서 사용되었다.

일본 수군은 이순신의 2차 출전 때부터 해전을 회피했다. 일본 수군의 장졸들은 이순신의 전선이 출현할 때마다 육지로 상륙해버렸다. 이순신은 이처럼 난감한 상황을 타개하기 위해 수륙합공작전을 전개하려 했는데, 웅천 전투가 대표적인 경우였다. 그러나 조선군이나 명군이거나 간에 지상군은 이순신의 요청에 응하지 않고 움직이지 않았다. 이 때문에 이순신은 수륙합공작전을 제대로 전개해보지도 못하는 처지가 되어버렸다.(1593년 2월 17일 장계)

이순신은 1차 출전 때 통상항로인 노량수로 대신 남해도 남단을 돌아가고 이어서 통상항로였던 견내량 수로 대신 거제도 남단을 돌아가는 외해 항로를 이용하였다. 그는 이 항로를 선택하면 먼저 가덕 수로와 진해만의 인근 해역에 있을 적 함대의 후방을 포위할 수 있다고 생각했다. 이어서 그는 자신의 본영을 공격할지도 모르는 적 함대를 탐색함으로써 좌수영의 안전을 도모할 수 있다고도 생각했다. 게다가 일본 수군이 거제도 동쪽 해안을 따라 남진해 있는 상황이라면, 이순신은 자신의 함대가 가덕도에서 앞뒤로 포위될 수 있다고도 생각했다. 이러한 외해 항로의 이용 전술은 이순신이 전란 초기에 얼마나 신중하게 활동했는지를 알 수 있게 해준다.

이순신은 1차 출전 때 옥포 해전에서 적선 30여 척 중 절반을 놓쳐버린 것을 아쉽게 생각하였다. 2차 출전의 사천 해전에서는 총통의 명중률을 높이기 위해 가능한 가깝게 접근하여 직격탄을 수평사격으로 발사하여 적선을 분멸시켰다. 이순신이 이 해전에서 일본 조총에 의해 어깨에 부상을 당한 것은 이처럼 근접전투를 한 탓이었다.

이순신의 선봉부대였던 5~6척의 판옥선이 일본 수군의 척후선 2척을 발견하고 견내량에 있던 적 주력함대의 앞까지 추격했다. 선봉대는 협수로에서 소극적인 전투를 하면서 짐짓 못이기는 척하면서 느린 속도로 남쪽으로 후퇴하기 시작했다. 선봉대를 뒤따르던 이순신의 주력함대도 보조를 맞추어 함께 퇴각하였다. 일본 전선들은 조선 수군을 업신여기면서 가볍게 보고 추격하기 시작했다. 지상전의 연승으로 사기가 오를 대로 올라있던 일본군은 공을 다투느라 진을 길게 늘어뜨리기까지 했다. 유인 작전에 성공한 이순신은 혈도의 북서해역에 이르자 모든 전선을 일제히 선회시켜 학익진을 형성하게 했다. 그 후 이순신은 일본 전선들을 한산도쪽으로 완전히 포위한 채 일제히 현측사격을 시작하라고 명령했다. 이것은 근대 해전술에서 일제 선회로 불리는 기동전술이었다.

일제 선회는 앞에 있는 전선이 방향을 바꾸면 그 뒤에 있는 전선들이 그 지점까지 가서 차례로 방향을 바꾸는 것이 아니라 모든 전선이 그 자리에서 동시에 방향을 바꾸는 기동전술이었다. 이 기동전술은 함선의 화력을 최대한으로 집중할 수 있는 장점이 있었다. 그러나 복잡하고 위험하기 때문에 많은 훈련을 해야만 사용할 수 있다는 단점도 있었다.

1593년 2월 10일부터 20일까지 4회에 걸쳐 웅포를 일방적으로 공격했음에도 불구하고, 이순신은 일본군이 응하지 않아 별다른 전과를 거두지 못했다. 그러자

22일에는 휘하의 병력을 4개 부대로 나누어 각자 다른 임무를 부여했다. 이순신은 의병과 승병 그리고 수군의 일부 병력을 웅포의 좌우 해안에 상륙시켜 일본군을 지상에서 공격하게 했다. 자신은 주력함대와 함께 해상에서 왜군을 공격하려고 했다. 이 상륙작전은 수륙합공을 할 수 있도록 지원해달라는 지상군에 대한 요청이 여러 차례 거절되자 자신의 병력만으로 부득이하게 사용한 전술이었다.

이순신이 함대의 기동이나 해전을 할 때 사용한 진형은 어떤 것이었을까? 이순신의 함대는 해상에서 진을 형성하고서 밤을 보낼 때에는 방진을 형성했다. 방진은 병서인 『오위진법』의 열병항목에서 기본 진형으로 간주되고 있는 진이다. 이순신은 방진 중에서 비교적 간편한 진 즉 1개의 위를 중심으로 하는 일위독진을 형성했다. 지상군과 수군은 모두 이 진을 사용하고 있었다.

항해나 기동을 할 때에는 행진을 형성했다. 이 진의 선두에는 척후대나 돌격대가 좌우에 각각 1개씩 위치했다. 그로부터 2~3리(0.8~1.2km) 뒤에 우부가 위치했으며, 그 뒤에 전부가 위치했다. 이어서 진형의 중심인 중부가 위치했는데, 중부의 배치 구조는 다른 선단들과는 달리 약간 복잡했다. 여기에는 대장선 즉 기함이 선두에 위치했다. 그 뒤 좌측에는 유군장이 그리고 우측에는 중부장이 각각 위치했다. 유군장과 중부장 뒤에는 중위장이 위치했다. 그 뒤에는 유군들이 위치했다. 중부 뒤에는 후부와 좌부가 차례로 위치했다. 각 부의 함선들은 이동 해역의 넓이에 따라 종렬진이나 횡렬진의 대형을 형성했다. 그리고 대장인 수사가 기함에서 중위장에게 명령을 내리면, 중위장은 각 부장들과 유군장을 통솔하였다.

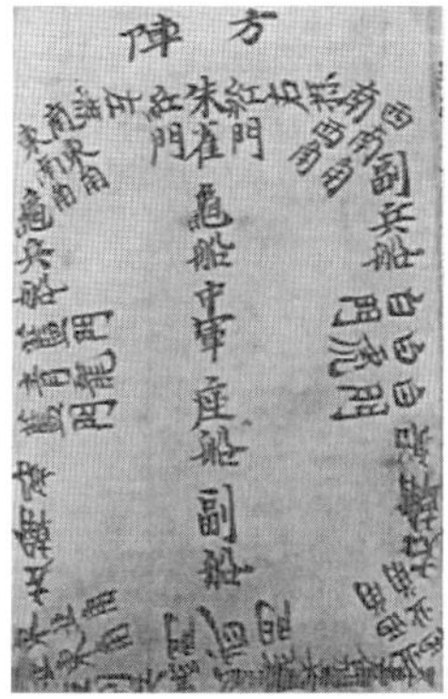

조선 후기의 방진

이순신이 해전을 할 때 사용한 진형은 크게 보아 횡렬진과 종렬진 두 가지로 구분할 수 있다. 학이 날개를 편 상태였던 학익진은 일종의 횡렬진이었다. 긴 뱀의 모습과 같았던 장사진은 종렬진이었다. 옥포 해전 때 이순신 함대는 “대열을 지어 일제히 들어갔다.”

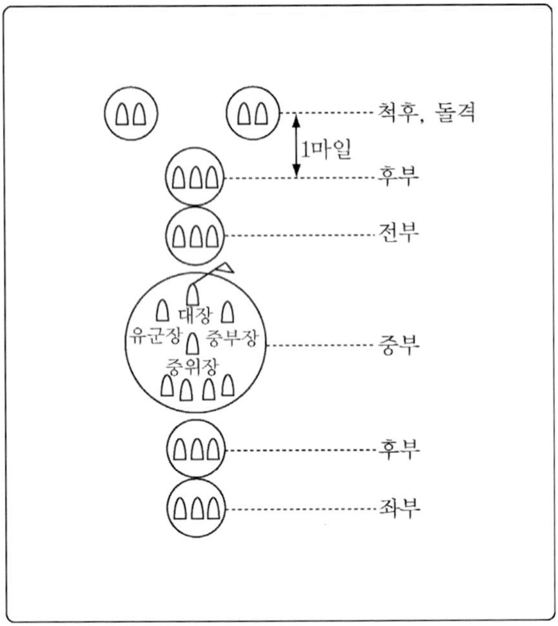

이순신 함대의 행진

1593년 3월에 발생한 당항포 해전에서는 이순신 함대가 "한 바다를 가로 끊는" 학익열진을 형성하였다. 또한 당포 해전, 두 차례의 당항포 해전, 그리고 한산도 해전에서는 학익진을 이용했다. 이러한 사실들은 이순신의 함대가 당시 횡렬진을 형성하고 있었음을 보여주고 있다. 한편 당항포 해전 때에는 이순신 함대가 "물고기를 꼬챙이에 꿴 것처럼 줄지어서 일제히 들어가니 선수와 선미가 서로 이어졌다." 또한 한산도 해전 때 이억기 함대는 종렬진을 그리고 부산포 해전에서는 장사진을 이용하였다. 이러한 사실들은 이순신 함대가 종렬진을 형성하고 있었음을 보여주고 있다. 이순신이 실전에서 종렬진과 횡렬진 혹은 학익진과 장사진을 마음대로 사용할 수 있었던 것은 조선군이 일찍부터 익혀온 병법 덕분이었다.

원래 『오위진법』에는 방진, 원진, 곡진, 직진, 예진의 5가지 진형이 기본진형으로 제시되어 있다. 부대 규모를 기준으로 할 때에는 오위독진, 오위연진, 합진의 3개의 진형이 제시되어 있다. 또한 병세의 규모와 지형을 기준으로 할 때에는 장사진, 학익진, 언월진, 어린진, 오운진 등 5개 이상의 진형이 더 제시되어 있다.

1536년에 이르면, 조선군은 평상시 군대를 교열할 때 방진, 원진, 곡진, 직진, 예진의 오행진법만 사용했다. 따라서 장사진, 학익진, 어린진, 언월진, 오운진과 같은 진형을 아는 사람은 무관들 중에서 드물었다. 그

해 4월 대신들은 무신들을 불러 진법을 강론하게 했다. 5월에는 중종이 직접 군사교열을 하면서 여러 진형을 시험하였다.(『중종실록』) 그 후부터 무관이나 무과 응시생은 여러 가지 진형을 공부하기 시작했다. 무과로 전과한지 10년 만에 과거에 합격한 이순신은 무과 공부를 할 때 당연히 진법을 공부했었을 것이다. 그는 현직에 근무할 때에도 계속해서 병법과 진형을 공부했다. 그 덕분에 그는 전시에 이러한 진형들을 자유롭게 구사할 수 있었다.

이순신의 당파 전술은 많은 사람들의 논란거리가 되고 있다. 당파는 적함과 충돌하여 적함을 파괴하는 전술이라 할 수 있고, 총통으로 적함을 파괴하는 전술이라고도 할 수 있다. 고대 그리스와 로마제국의 해군은 전선인 갤리를 선체 하부에 장치된 뾰족한 충각으로 적선과 충돌시켜서 파괴하는 충각 전술을 사용했다. 이순신이 사용한 당파 전술을 충각 전술로 간주하는 사람들이 있다. 그렇게 간주하는 근거는 조선 수군의 전선이 크기가 크고 선체 외판의 두께가 두꺼워 튼튼한 반면에 일본 수군의 전선이 상대적으로 작고 또한 얇은 판자로 건조되었다는 생각이다. 심지어 거북선의 귀신머리가 충각 역할을 했다고 주장하는 사람도 있다. 당파 전술을 이렇게 인식하는 것은 큰 배와 작은 배가 혹은 튼튼한 배와 약한 배가 서로 맞부딪치면 큰 배와 튼튼한 배가 무조건 이길 뿐만아니라 크고 튼튼한 배는 전혀 손상되지 않을 것이라는 단순한 생각에서 비롯된 것으로 보인다.

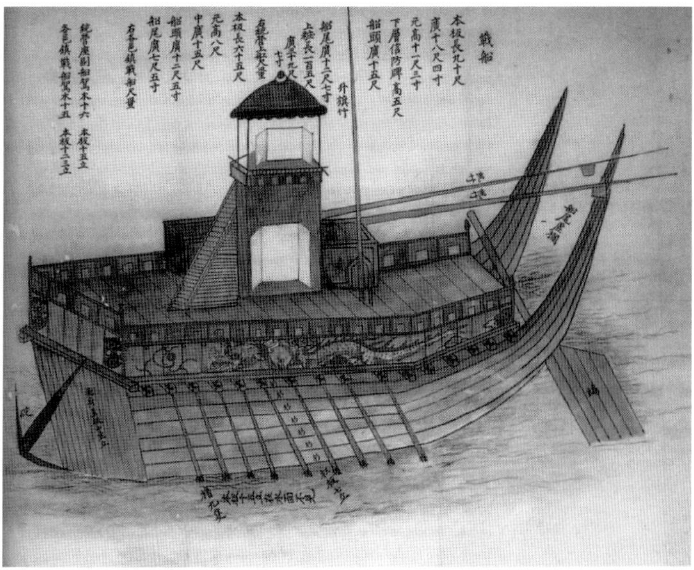

조선 수군의 전선이었던 판옥선

이순신의 당파 전술은 양쪽 전선이 접근하여 충돌하는 것이 아니라 총통으로 적선을 파괴하는 전술이었다고 할 수 있다. 그 이유는 다음 네 가지이다.

첫째, 조선 수군이 보유한 전선들의 선체가 아무리 튼튼하다고 하더라도 목선끼리 충돌하면 양쪽 다 피해를 입는 것은 필연이었다. 또한 충돌했을 때, 선체 안의 인원과 무기 등은 곤두박질치기 마련이었다. 선수의 하부 선체를 뜻하는 선수판이나 비하직판은 판옥선의 경우 15개의 참나무 목재를 수직으로 붙여 만들었다. 거북선의 경우에는 7개의 참나무 목재가 사용되었다. 판옥선과 거북선이 다른 선박과 충돌하면 목재 이음 부분에 작은 틈이 생길 수 있었다. 그럴 경우 이 전선들은 곧바로 침수되었을 것이다. 이순신에게는 전선의 척수가 가뜩이나 부족한 상황에서 이와 같은 아군 측의 피해를 무릅쓰고 충돌 작전을 할 이유가 없었다.

둘째, 거북선에 충각이 있었다거나 귀신머리가 충각이었다는 것은 사실이 아니다. 고대 그리스와 로마시대의 갤리에는 충돌시 발생하는 충격력을 최소화하기 위해 선수 부분에 많은 보강재를 설치한 후 충각을 달았으며, 충각을 용골과 이어 견고성을 더 증대시켰다. 판옥과 거북선에는 그러한 보강장치가 전혀 없었다. 거북선의 귀신머리는 위세를 과시하기 위한 상징물에 불과했다. 거북선과 판옥선의 선체는 충각을 이용한 충돌 전법을 사용할 수 없는 구조였다.

셋째, 충각이 기능을 제대로 발휘하려면 적선과 완전히 현측을 맞대야 했다. 그럴 경우 해적 활동에서 볼 수 있는 것처럼 적선 갑판에 올라가 백병전을 하는 등선육박전이 뒤따르기 마련이었다. 그러나 앞에서 본 것처럼, 이순신은 등선육박전을 극구 기피했다.

넷째, 출전 결과를 보고하는 장계에 기록되어 있는 사상자 217명 중에서 단 1명만 적의 칼에 의해 사망했을 뿐 나머지 216명은 화살이나 철환에 의해 피해를 입었다. 만일 충돌, 뱃전오르기, 육박전 등의 전술을 사용했다면, 도검류에 의한 사상이나 익사자가 많이 나타났어야 한다. 따라서 그러한 부류의 사상자가 없다는 것은 이순신이 접근전이 아니라 일정한 거리를 유지하면서 활과 총통으로 적함을 격파했음을 뜻한다.

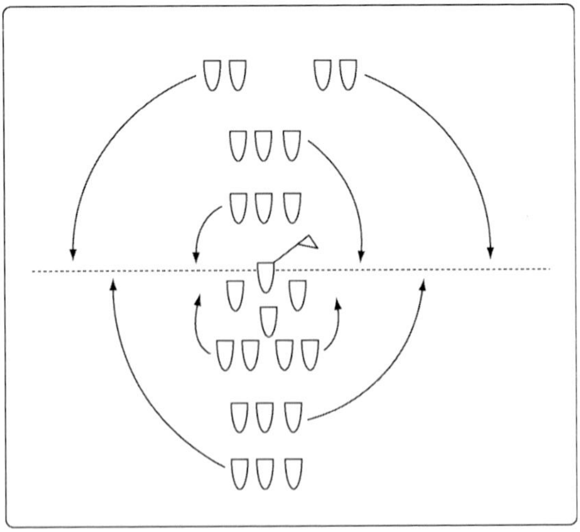

학익진 형성을 위한 기동

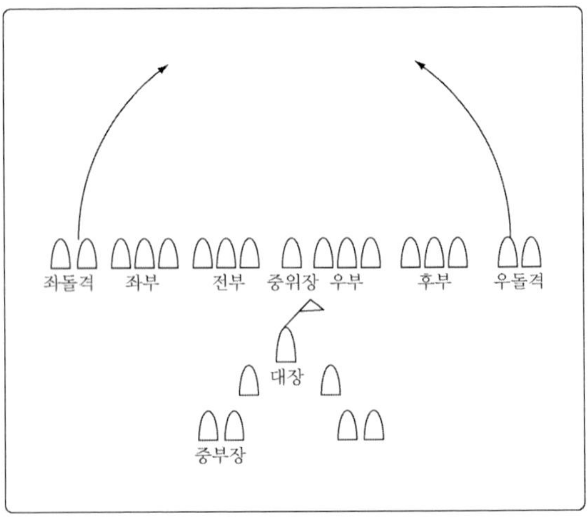

학익진을 형성한 후의 진형

이순신이 학익진을 펼칠 때 '일시제진'했다는 기록이 무엇을 뜻하는 지도 논란거리이다. '일시제진'은 전선들이 동시에 일제히 나아가거나 선회하는 기동 전술이었다. 이 기동 전술은 한산도 해전에서 학익진을 형성하려 했을 때 사용되었다. 1921년에 영국 해군중장 발라드 제독은 이것을 모든 함정이 일제히 침로를 180° 선회한 것으로 간주했다. 현대 기동 전술 용어로 보면, 이 '일시제진'은 일제 회전을 뜻한다.

이순신의 함대가 후퇴하다가 학익진을 형성하는 방법은 다음과 같았다. 중부의 대장선 즉 기함과 그리고 유군장선과 중부장선은 그 자리에서 180° 선회를 하고서 느린 속도로 나아갔다. 중위장선은 그 자리에서 180° 선회한 후 빠른 속도로 앞으로 나아가 기함 앞에 위치하여 중심을 잡았다. 중부의 나머지 전선 4척은 2척씩 짝을 지어 각각 좌우로 돌아 중위장선 좌우에 위치했다. 전부의 함정들은 우측으로 천천히 나아가다가 중위장선의 중심잡기 속도와 맞추어 돌아서서 중위장선의 좌측에 위치했다. 우부의 전선들은 좌측으로 천천히 나아가다가 역시 중위장선의 행동에 맞추어 돌아서서 중위장선의 우측에 위치했다. 척후·돌격선들은 각각 2척씩 짝을 지어 좌우로 변침하여 비스듬하게 직진하다가 전부선과 우부선의 행동과 보조를 맞추어 돌아서서 좌우 가장 끝 부분에 위치했다. 후부선들은 좌측으로 돌아 역침로로 나아가다가 중위장선의 행동과 보조를 맞추어 우부선과 돌격·척후선들 사이에 위치했다. 좌부선들은 우측으로 돌아 역침로로 나아가다가 중위장선의 행동과 보조를 맞추어 전부와 척후·돌격선들 사이에 위치했다.

일제회전은 학익진을 형성할 때 필요한 기동 전술이 아니었다. 일제회전은 행진을 형성하여 진격하다가 후퇴할 때 필요한 기동 전술이었다. 후퇴할 때 새로운 진을 형성하는 것은 불가능했다. 가장 빨리 후퇴할 수 있는 방법은 모든 함정이 그 자리에서 180° 선회하여 후퇴하는 것이었다. 그러기에 후퇴할 때의 진형도 행진일 수밖에 없었으며, 다만 그 침로가 완전히 역방향이었다는 점만 달랐다.

판옥선과 거북선은 배 밑바닥 즉 선저가 평평하기 때문에 평저선으로 분류된다. 이 전선들은 전투할 때 적의 과녁이 되거나 바람의 영향을 받을 수 있기 때문

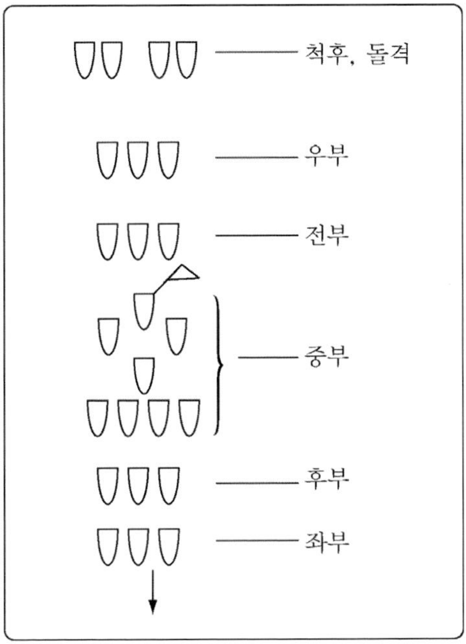

이순신 함대의 후퇴 진형

에 돛을 내리고 그 대신 노를 저어 기동했다. 수군의 훈련 절차가 기록되어 있는 『수조규식』과 같은 조선 후기 고문서에는 "타수가 배를 부려 주위를 돌고 선회하면서 각 현측에 장착된 화기를 적에게 일제히 발사한다"는 문구가 있다. 이 문구를 통해 당시 전선이 일제회전을 할 수 있었다고 추측할 수 있다. 왜냐하면 선체 구조와 특징 면에서 임진왜란기와 그 이후의 전선이 큰 차이가 없었기 때문이다.

당시의 전술 신호 체계는 무선통신이나 발광신호를 이용하는 근대적인 함상 통신 체계와 달랐다. 먼저 대장이 중위장에게 명령을 내렸다. 이어서 중위장이 나발을 불어 모든 함선을 주목하게 한 후 신호기를 게양하거나 휘둘러 명령을 하달하였다. 그러기에 대장선이나 중위장선을 눈으로 볼 수 있는 전선들은 명령에 따라 행동하는데 아무런 문제가 없었다. 그러나 멀리 떨어져 있거나 다른 전선이나 장애물에 가려 신호를 볼 수 없는 전선들은 명령을 하달하는 즉시 행동할 수 없다. 특히 척후·돌격선단이 우부선들로부터 0.8~1.2km 떨어져 위치하는 오행진법에 따르면, 행진을 형성했을 때 그 선단은 대장선이나 중위장선으로부터 최소한 1.5~2km 떨어진 거리에 위치하게 되었다. 해상에서 이 거리는 상당히 먼 거리였다. 신호기의 모양과 색깔을 명확하게 보고 신호 소리도 듣기가 어려운 거리였다. 하물며 전투를 할 경우에는 더욱 더 그러했다. 그러므로 그럴 경우에는 이 함정들이 다른 함정들의 움직임이나 신호 중계에 의해 행동할 수밖에 없었다. 일제회전을 했다고 하지만, 문자 그대로 모든 전선이 일제히 선회한 것이 아니라 선회하는데 전선에 따라 약간의 시간차가 있을 수밖에 없었던 것이다.

6
해전에서의 연승으로 전세를 역전시키다

이순신은 임진왜란 기간 동안 총 11회 출전했다. 1~3차는 여수의 전라좌수영에서, 4~8차는 한산도의 통제영에서, 9~11차는 고금도의 통제영에서 각각 경상도 해역으로 출전했다. 1~4차, 8~9차, 그리고 11차는 7~13일간으로 비교적 단기간의 출전이었다. 5~6차는 42~69일간으로 그리고 10차는 28일간으로 비교적 장기간의 출전이었다. 그 중 1회를 제외하고 나머지 10회는 매 출전 때마다 해전을 했다.

이순신이 실시한 주요 해전의 횟수는 총 22회였는데, 대부분은 분명히 이순신의 승리로 끝났다. 그러나 일본군이 해전으로 응전하지 않아 조선 수군의 전선과 일본 지상군 간의 전투 형태로 진행된 웅포 캠페인, 장문포 캠페인, 왜교성 캠페인은 승패를 논하기가 어렵다. 승리했다고 하더라도, 적이 입은 피해가 어느 정도인지도 명확하게 알려지지 않고 있다. 또한 벽파진 해전에서도 같은 날 주간 전투와 야간 전투가 각각 있었지만, 일본 함선이 도주했다는 것만 알 뿐 그 피해는 알 수 없다.

1592년에는 4회 출전했다. 1차 출전의 옥포 해전, 합포 해전, 적진포 해전에서 완승한 것은 무엇보다도 조선 수군의 적에 대한 두려움을 없애고 싸워 이길 수 있다는 믿음을 갖게 했다. 이 완승 덕분에 이순신은 일본 수군이 서쪽으로 진격하는 것을 막았고, 남해의 제해권을 장악할 수 있는 기틀을 마련하게 했다.

2차 출전 때에는 일본 수군의 전선들을 색출하여 당파분멸하는 소탕 작전을 계속 전개했으며, 그 와중에 사천 해전, 당포 해전, 제1차 당항포 해전, 율포 해전을 치루었다.

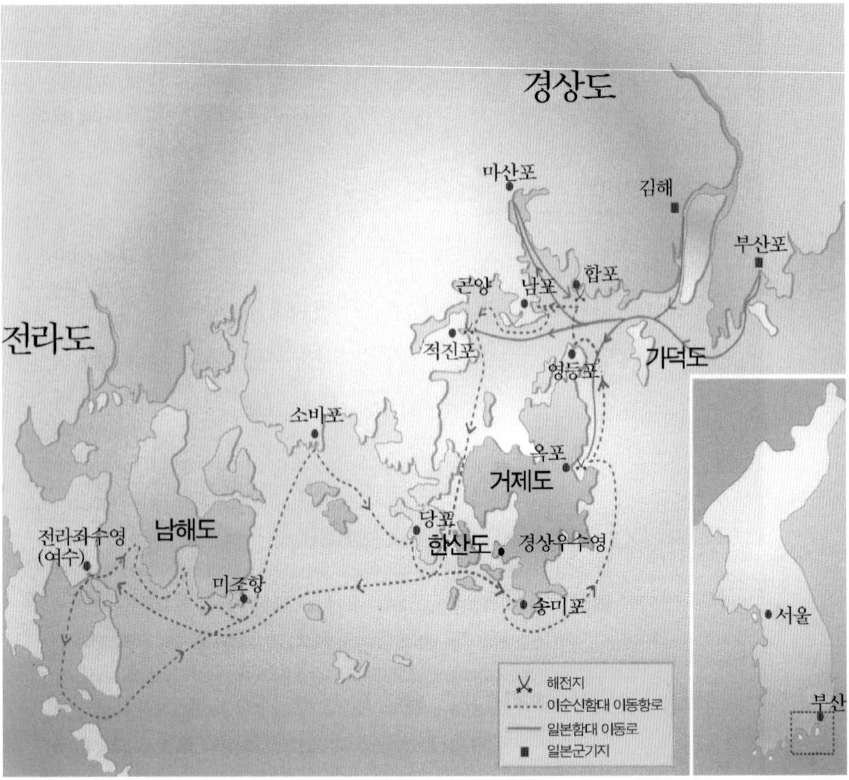

이순신 함대의 1차 출전도

3차 출전의 한산도 해전과 안골포 해전은 조선 수군의 전라도 함대를 격파하려는 일본 수군의 작전과 지상과 해상에서 동시에 진격하려고 했던 일본군의 수륙병진작전을 좌절시켰다. 또한 이 출전은 서해와 남해 일부의 제해권을 확보하게 된 조선에게 지속적인 전쟁 수행 능력을 가져다주었다. 결과적으로 3차 출전의 성공 때문에 조선 수군은 견내량을 기점으로 남해 서부 해역의 제해권을 장악할 수 있었다. 반면에 일본 수군은 해전을 회피하고 지상에서 수세작전을 하게 되었다. 또한 3차 출전은 일본 수군의 대표적인 세력을 결전을 통해 최초로 궤멸시킨 원정이었다.

4차 출전은 일본군의 본거지에 대한 해상 원정 작전이었다. 이 출전의 장림포 해전과 부산포 해전은 일본 수군에게 정신·물리적 타격을 주어 활동을 더욱 위축시켰다. 또한 일본 수군으로 하여금 수세적인 전략을 사용하여 기지를 보호하는데 급급하게 만들었다. 그밖에도 일본과 부산 사이의 주요 해상보급로를 확보하는 데에만 전전긍긍하게 만들었고, 조선 수군이 제해권을 장악하고 있다는 사실을 확인하는 역할을 했다.

1593년에는 2회 출전했다. 5차 출전은 낙동강 수로를 방어하려던 일본군의 전략에 혼란을 가져다주는 동시에 부산 지역으로 다시 진격하기 위한 조선군의 사전 정지 작업이었다. 이 출전 기간 동안 웅포를 중심으로 여러 차례의 해전과 육전이 감행되었다.

6차 출전 때에는 해전이 발생하지 않았다. 그러나 조선 수군이 견내량 인근 해로의 길목을 장악하여 일본 수군의 서진을 막음으로써 일본군의 수륙병진전략을 파탄시켰다.

1594년에도 2회 출전했다. 일본 수군의 전선들은 이순신이 6차 출전 이후 만 7개월 동안 출전하지 않은 틈을 이용하여 진해만의 서안에서 만행과 악행을 일삼으며 준동하고 있었다. 제7차 출전의 제2차 당항포 해전은 이 일본 수군의 전선들을 격멸한 전투였다.

8차 출전은 도체찰사 윤두수의 계획과 지시에 의해 실시되었다. 이 출전 때 이순신의 함대는 거제도 북단의 장림포에 있는 적선들을 여러 차례 공격했다. 그러나 일본군이 전투를 기피했기 때문에, 이순신은 사실상 별다른 전과를 올릴 수 없었다.

1597년의 어란포 해전과 벽파진 해전 및 명량 해전은 일본군의 수륙병진계획을 다시 완전히 파탄시키고 정유재란의 전환점을 마련할 수 있게 했다.

칠천량 해전의 대패로 궤멸 상태에 있었던 조선 수군은 이 해전들을 통해 재기할 수 있게 되었다. 일본 수군은 서해로의 진출을 차단당했다. 결과적으로 조선 수군은 서해의 제해권을 방어할 수 있었다. 이 두 해전은 백의종군과 칠천량 해전이 일어난 지 만 2개월 후 또한 이순신이 12척의 전선을 인수한지 거의 한 달 후에 10 : 1의 수적 열세라는 악조건 하에서 발생했다.

1598년에는 3회 출전했다. 9차 출전의 절이도 해전은 조·명 연합수군이 최초로 전개한 연합 작전이었다. 연합 수군은 이 출전을 통해 남해도를 기점으로 서부 해역의 제해권을 장악함으로써 왜교 공략전을 감행할 수 있는 기반을 마련할 수 있었다.

10차 출전의 왜교성 캠페인은 수륙합공작전이었다. 이 작전은 조·명 연합군이 4개 진격로로 진격하려 했던 사로병진책의 일환으로 시도되었다. 그러나 이 작전에서는 해상으로 진격한 수로군만 어느 정도 성과를 거두었다. 나머지 부대들의 성과는 명군의 주저와 소극적인 행동 때문에 미미하였다.

임진왜란기 이순신 함대의 해전 모습을 그린 민화

11차 출전의 노량 해전은 임진왜란의 대미를 장식한 마지막 해전이었다. 이 해전은 일본군의 퇴로를 막고 일격을 가한 작전이기도 했다. 이순신은 이 해전을 통해 조선 수군의 위용을 재건하고, 그 우수성을 내외에 과시할 수 있었다.

조·명 연합함대는 진린 휘하의 명 함대가 고금도 통제영에 합류한 1598년 7월 16일부터 활동하기 시작

했다. 이 시기는 임진왜란의 말기에 해당하였다. 당시 이순신이 지휘하는 통제영의 전선은 80여 척이었고 병력은 8천 명 이상이었다. 명 수군의 전선과 병력은 얼마인지 알 수 없다. 단지 노량 해전에 참가한 명 수군의 전선이 300여 척이었고, 병력이 1만 3천여 명이었던 사실만 알려져 있다.

일반적으로 연합군은 양군이 대등한 협동 체제나 협

력 체계 혹은 통합 지휘 체제 중 하나를 선택할 수밖에 없다. 조·명 연합함대는 통합 지휘 체제로 운영되었다. 1598년 6월 26일 선조가 동작강 언덕에서 전라도로 내려가는 명의 수군장 진린을 송별할 때, 진린은 다음과 같이 말했다. "나는 명 조정의 명을 받아 수군을 모두 통솔하고 있으니, 주사와 변장들을 모두 지휘해야만 합니다. 혹시 그들 가운데 명령을 어기는 자가 있으면, 모두 군법으로 다스리고 절대로 용서하지 않을 것입니다." 명군이 연합군의 작전권을 보유하고 있었던 것이다. 그런데 진린 휘하의 명 수군이 조선에서 활동한 것은 '명 본토 해방의 확보'라는 임무 때문에 제약을 받을 수밖에 없었다. 장거리 원정이나 일본군에 대한 선제공격과 같은 적극적인 전투의지를 진린의 함대에게 기대하는 것은 애초부터 어려운 실정이었다.

조·명 연합함대가 전개한 연합 작전의 절정은 노량해전이었다. 연합 함대가 이 해전에서 승리한 이유 중 하나는 조선 수군과 명 수군의 연합 작전이 효율적으로 전개되었다는 사실이었다. 사실 사로 병진 작전의 초기에 수군의 통제권을 상실할 수도 있었던 진린으로서는 군공을 세워 이 논의를 불식시켜야 할 필요가 있었다. 그런데 그가 군공을 세우는 것은 조선 수군과 협조해야만 가능했다.

한편 이순신은 진린을 감화시키고 전의를 불러일으키게 만들려고 노력하였다. 결국 명나라 수군은 실제로 전투를 기피하고 있던 명 지상군과는 달리 노량 해전에 참전하였다. 노량 해전이 "임진왜란 기간 동안 조·명 양국의 군대가 진정한 의미에서 연합 작전을 펼친 유일한 사례"였다고 주장하는 사람도 있다.

이순신이 실시한 해전을 연도별로 보면, 임란 첫해인 1592년에 11회, 1953년에 1회, 1594년에 3회, 정유재란기에 해당하는 1597년에 3회, 마지막 해인 1598년에 4회였다. 해전 발생지를 중심으로 보면, 1592~4년에는 진해만 일대에서 15회 해전을 했으며, 나머지 7회는 사천, 옥포, 한산도, 부산포와 같은 그 밖의 해역에서 발생했다. 또한 이 해전들은 모두 남해의 경상도 해역에서 발생했다는 특징을 갖고 있다. 그러나 정유재란기에 속하는 1597~8년에는 대부분 전라도 해역에서 해전이 발생했다. 심지어 노량 해전도 사실상 순천 왜교성과 연관될 뿐만 아니라 실제로 순천만에서 해전이 시작되어 남해도의 관음포에서 끝난 해전이기 때문에 전라도 해역과 무관하지 않았다. 임진왜란 기간 동안에는 경상도 해역의 제해권이 그리고 정유재란 기간 동안에는 전라도 해역의 제해권이 조선 수군과 일본 수군 모두에게 사활이 걸린 중요한 사항이었다.

임진왜란이 전개된 7년 동안 이순신이 지휘하는 조선 수군이 입은 피해 중에서 전선의 피해는 총 12척이었고, 사상자는 1,354명 이상이었다. 명나라 수군의 총 피해는 최대 전선 41척과 사상자 2,892명 이상이었다. 반면에 일본 수군의 피해는 최소한 603척 이상이었으며, 사상자는 지상에서 발생한 사상자를 포함하여 94,139명 이상이었다. 이순신이 조선 수군과 일본 수군의 함선 피해 비율은 1 : 60이었고, 조·명 연합함대와 일본 수군의 함선 피해 비율은 1 : 12였다. 조선 수군과 일본 수군의 사상자 비율은 1 : 70이었고, 조·명 연합함대와 일본 수군의 사상자 비율은 1 : 22이었다. 명 수군의 참전은 1598년에 이루어졌으며, 그리하여 참전한 해전은 3회밖에 되지 않았다. 그럼에도 불구하고 조선 수군과 비교할 때, 명 수군의 피해는 월등히 컸다. 여하튼 간에 조선 수군과 일본 수군의 피해 비율이 1 : 60~70이라는 점은 세계의 전쟁사나 해전사에서 유례가 없는 현상이었다. 이 정도면 해상에서 만큼은 전쟁과 전투가 일방적으로 진행되었다고 해도 과언이 아니다. 특히 이것이 7년 동안 22회의 해전을 한 결과라는 점을 감안하면, 이러한 피해 비율은 더욱 더 놀라운 사실이었다.

이순신은 해전을 어떻게 지휘했을까? 그의 전투 지휘는 휘하 장병들의 동요를 막는 것부터 시작하였다.

"더구나 오랫동안 임지에 있던 자들은 한번 풍문을 듣고서는 가족을 이끌고 짐을 진 채 길에 연달았으며, 혹은 밤을 이용하여 도망하고 혹은 틈을 엿보아 이사하고 있습니다. 본영의 수졸과 본고장 사람들 사이에도 이 같은 무리들이 있습니다."(1592년 4월 30일 장계)

전란이 발생하자마자 민심이 동요하고, 피난민이 줄을 이었다. 또한 흉흉한 민심과 근거 없이 떠도는 유언비어 때문에 장병들은 불안과 공포에 떨었다. 이순신이 생각하기에, 백성들과 장졸들의 심리 상태를 안정시키는 것은 무엇보다도 급한 일이었다. 그는 그래야만 자신이 작전과 전략을 구상하고, 실제로 전투를 할 수 있다고 생각했다. 이 장계는 이순신이 탈영병을 먼저 잡아 효수하는 것으로 장졸들의 마음을 진정시킨 사실을 보여준다.

"신은 그 길목에 포망장을 선정하고 보내 도망병 2명을 적발했으며, 우선 그들의 목을 베어 군중에 효시하게 함으로써 군사들의 공포심을 진정시켰습니다."(1592년 4월 30일 장계)

그는 백성과 장졸이 제자리에 있어야만 비로소 전쟁에 대비할 수 있다고 생각했던 것이다.

이러한 심리전은 실전에서도 계속되었다. 이순신은 첫 해전의 중요성을 잘 알고 있었던 것처럼 보인다. 1592년 5월 7일, 이순신의 함대는 새벽에 일제히 출항하여 적선이 정박하고 있다는 가덕도의 천성을 향해 가는 도중 정오경에 옥포 앞바다에 도착했다. 선봉부대의 김인영이 신기전을 쏘아 적선을 발견한 사실을 본대에게 알렸다.

이렇게 해서 시작된 옥포 해전 직전에 이순신은 초조와 불안 그리고 흥분이 복합적으로 섞여있는 심리상태 때문에 부하들이 경거망동하여 전투를 그르치지 않을까 염려하였다. 그리하여 이순신은 부하들에게 "가볍게 움직이지 말고 침착하게 태산같이 신중하게 행동하라"고 강력하게 지시하였다.

그런 후 이순신의 함대는 옥포 앞바다로 대열을 지어 일제히 진입해 들어갔다. 그 결과인지는 몰라도 "신이 거느린 여러 장수들은 한마음으로 분발하여 모두 죽을힘을 다했고, 배 안에 있는 관리와 군사들도 그 뜻을 본받아 서로 격려했으며, 분발하여 죽기를 기약하였습니다."(1592년 5월 10일 장계)

이순신의 부하들이 가장 좋지 못한 심리상태에 있었던 때는 명량해전 직전이었다. 해전을 하기 직전에 그는 부하들에게 다음과 같이 훈시하였다. "병법에 이르기를 죽으려 하면 살고 살려하면 죽는다하였고, 또 한 사람이 길목을 지키면 천 명도 두렵게 할 수 있다는 말이 있는데, 모두 오늘 우리를 두고 이른 말이다."(1597년 9월 15일 일기)

이순신의 이러한 심리전은 적군에게도 통했다. 이순신이 8월 18일 회령진에서 남은 전선 12척을 간신히 수습하여 이진을 거쳐 어란포에 정박해 있을 때의 일이었다. 일본군의 척후선 8척이 돌연히 출현하였다. 그러자 "자라보고 놀란 가슴 솥뚜껑만 보아도 놀란다"는 속담처럼, 패잔병과 다를 바 없었던 조선 수군의 장병들은 모두 놀라고 겁을 먹어 도망가려고만 했다. 심지어 경상수사였던 배설까지도 그러하였다. 그러나 이순신은 전선에 우뚝 선 채로 미동도 하지 않았다.

이에 이순신이 생존해 있다는 사실만으로도 공포심을 갖고 있던 일본 수군은 지레 겁을 먹고 도망갔다. 그러자 이순신의 함대는 나발을 불고 깃발을 흔들면서 해남의 갈두까지 추적하다가 돌아왔다.(1597년 8월 28일 일기) 만일 이 때 적선들이 공격해왔더라면 어찌 되었을까하고 생각하면 아찔할 뿐이다. 결국, 이순신은 적군과의 심리전에서부터 이겼으며, 전투 때 최고 지휘관의 침착함과 결연한 의지가 얼마나 중요한지를 실전에서 보여주었다.

이순신은 전투 때 명령에 대한 절대적인 복종을 요구하였다. 명령에 대한 절대 복종은 옛날이나 지금이나 간에 전 세계 군인들의 가장 중요한 덕목 중 하나이다. 웅포 해전 때 일어난 사건이 이를 잘 보여준다. 조선군이 의병과 승병을 제포에 그리고 수군의 일부를 제포의 동쪽 해안에 각각 상륙시켜 수륙합공을 하려는 모습을 보이자 웅천의 적들은 갈팡질팡하였다.

그러자 신이 난 아군의 전선 3척이 명령을 따르지 않고 제멋대로 깊숙이 돌격해 들어갔다가 얕은 수심 때문에 좌초되었다. 그중 발포 2호선과 가리포 2호선은 적으로부터 습격을 받아 파괴되었고, 진도 지휘선만 다행히 구조할 수 있었다. 이순신은 "통분하여 가슴이 찢어질 것만 같다"고 그날 일기에 기록했다.

이것은 자칫 잘못하면 큰 피해를 볼 수도 있는 것으로서 전시에 작전명령을 위반한 사건에 해당하였다. 그런데 경상도의 장수들은 아군이 이렇게 위험한 상황에 놓여 있었음에도 불구하고 구하려 하지 않고 못 본 척 하였다. 경상도수사는 원균이었다. 그 때는 이순신이 삼도수군통제사에 임명되기 전이었기 때문에, 자신의 부하가 아니라는 이유로 경상도 수군 장수들에게 죄를 물을 수 없었다. 그날 일기에는 이에 대해 다음과 같이 기록되어 있다. "그 괘씸함을 말할 수조차 없다. 참으로 통분, 통분했다. 이 때문에 경상도수사에게 질문도 했지만, 한심한 일이었다. 오늘의 통분한 것을 무슨 말로 다하랴."(1593년 2월 22일 일기)

이순신은 부하들이 전투에만 몰두하여 적군에게 가능한 한 큰 타격을 주길 바랬다. 그러나 부하들은 전공을 세워 포상 받는 것을 더 중시했다.

그런데 신이 당초 약속할 때 여러 장수나 군졸들에게, "공로와 이익을 탐내어 서로 다투어 적의 머리를 베려 하다가는 도리어 해를 입어 사상자가 많아지는 사례들이 있으므로, 사살한 뒤에 비록 목을 베지 못하더라도 힘써 싸운 자를 제일의 공로자로 논하겠다"는 것을 분명히 했기 때문에, 무릇 네 번이나 접전할 때, 화살을 맞아 죽은 왜적이 매우 많았으되 머리를 벤 것은 많지 않습니다.(1592년 6월 14일 장계)

당시 전공을 입증하기 위해서는 전투가 끝난 후 적군의 수급이 그 만큼 있어야만 했다. 따라서 장졸이나 지휘관 중에는 전투를 회피하고 다른 전선이나 장졸들이 전사시킨 적의 수급을 거두고 모으는 일에만 관심을 가진 사람도 많이 있었다. 심지어 죽은 일반 백성들의 머리를 잘라 적군의 것인 것처럼 보고하는 경우조차 있었다. 이러한 현상은 일본군에게서도 나타났다. 일본군은 전공의 증거로 조선군의 코를 벤 후 소금에 절여 본국에 보내야 했다. 일본의 코무덤은 이 전공의 증거물이 너무 많이 쌓이자 처리하기 곤란하여 한 곳에 매장해버린 흔적이었다.

원래 판옥선과 거북선은 격군과 사수가 외부에 잘 노출되지 않는다는 장점을 갖고 있었다. 그러나 수급을 취하기 위해 물에 떠다니는 적군의 시체를 건져 올릴 때마다 몸이 배 밖으로 노출되는 것은 자연스러운 현상이었다. 몸이 노출되기만 하면, 일본군 조총수들의 과녁이 되고 말았다. 이순신은 이러한 상황을 보고 기존의 전공을 인증하는 체계가 잘못되었음을 알았다. 또한 이순신은 적 수급의 많고 적음보다는 실제로 적군을 얼마나 살상했는지가 더 중요하다고 생각하였다.

이순신은 전투를 하는 목적이 적군의 살상이며, 적의 수급을 취하는 것은 부수적인 일에 불과하다고 생각했다. 이순신은 새로운 유형의 전투 방식과 논공행상의 기준을 제시했다. 이순신은 부하들에게 전투하는 방법까지도 가르치면서 전투를 지휘했던 것이다.

이순신은 전사한 후에도 계속 지휘하였다.

“19일 새벽에 공이 한참 독전하다가 문득 지나가는 탄환에 맞았다. ‘싸움이 한창 급하다. 내가 죽었다는 말을 내지 마라.’ 공은 말을 마치고 세상을 떠나시었다. 그때에 공의 아들 회와 조카 완이 활을 쥐고 곁에 섰다가 울음을 참고 서로 위로하는 말이, ‘이렇게 되다니! 기가 막히는구나!’ ‘그렇지만 지금 만일 곡성을 내었다가는 온 군중이 놀라고 적들이 또 기세를 얻을지도 모릅니다.’ ‘그렇구나. 그리고 사체를 보전해 돌아갈 수 없을지도 모르겠구나.’ ‘그렇습니다. 전쟁이 끝날 때까지 참는 수밖에 없습니다.’ … 그대로 기를 휘두르며 독전하기를 여전히 하였다. 적이(명나라 진린) 도

정창섭 화백과 문학진 화백이 1969년에 함께 그린 노량해전도

독의 배를 에워싸서 거의 함몰시키자, 여러 장수들은 이순신이 배에서 지휘 독전하는 것을 보고 서로 다투어 달려들어 포위 속에서 진 도독을 구원하였다. 전쟁이 끝난 후 도독이 급히 배를 저어 가까이 와서 '통제사! 속히 나오시오. 속히 나오시오' 하고 외쳤다. 완이 뱃머리에 서서 울면서 '숙부님은 돌아가셨습니다' 하였다. 도독은 배 위에서 세번이나 넘어지면서도 이순신의 시신에 다가가 큰 소리로 통곡하면서 '죽은 뒤에도 나를 구원해주셨소' 하면서 가슴을 치며 한참이나 울었고, 도독의 군사들까지도 모두 다 고기를 내던지고 먹지 않았다."(『행록』)

마지막 해전인 노량 해전이 한창 진행되고 있던 1598년 11월 19일, 이순신은 일본군의 탄환을 맞고 쓰러진 후 "싸움이 한창 급하다. 내가 죽었다는 말을 내지 마라"고 말하였다. 이순신의 부하들은 물론 명나라 수군 도독인 진린과 그 부하들도 이순신이 전사한 사실을 알지 못했다. 이순신의 부하들은 평소에 이순신이 전투하던 방식대로 진린의 기함이 위험해지자 용감하게 돌진하여 구원해내기까지 했다. 그 결과, 조·명 연합수군은 일본 수군에게 치명타를 가하며 대승을 거두었다. 이는 마치 죽은 제갈공명이 산사람들을 살렸던 것과 같았다. 명나라 장수 진린의 말대로, 이순신은 죽은 뒤에도 그를 살렸던 것이다.

7
사상자를 가슴에 묻고 다시 출전을 준비하다

이순신은 출전을 마치고 본영에 돌아온 후 규정에 따라 출전 결과 보고서를 장계의 형태로 조정에 보고했다. 이 장계에는 대체로 출전하게 된 배경이나 근거, 출전을 준비한 상황, 출전 세력의 규모와 편성, 출전의 경과와 결과, 전과, 피해 상황, 수집한 정보, 전공자의 명단과 전공의 내용, 사상자의 명단과 처리, 노획물의 목록과 처리, 포상 요청 등의 내용이 포함되었다. 그중에서 전후처리와 관련된 사항은 향후 대비책,

정창섭 화백과 문학진 화백이 1969년에 함께 그린
이순신이 일기를 쓰고 있는 모습

사상자, 전공자 포상, 노획물 처리, 그리고 피난민으로 5가지였다.

장계에서 향후 대비책과 관련된 문구는 쉽게 찾아볼 수 있다. 1차 출전을 마치고 작성한 장계에는 무사히 본영으로 돌아와서 여러 장수들에게 "배들을 더 한층 정비하여 바다 어귀에서 사변에 대비하라"고 알아듣도록 지시한 후 진을 파했다고 기록되어 있다.(1592년 5월 10일 장계) 2차 출전을 마친 후 작성한 장계에는 "여러 장수들에게는 '한번 승첩했다 하여 소홀히 생각하지 말고 군사를 위무하고 전선을 다시 정비해두었다가 변보를 듣는 즉시 출정하되, 처음과 끝을 한결같이 하도록 하라'고 엄하게 신칙한 후 진을 파했습니다"라고 기록되어 있다.(1592년 6월 14일 장계) 3차 출전을 마친 후 작성한 장계에는 "그리하여 '군사를 다스리고 군대를 정비하여 창을 베개로 삼아 변란을 기다려 다시 통고하는 즉시 수군을 거느리고 달려오라'고 본도 우수사 이억기와 약속한 후 진을" 파했다고 기록되어 있다.(1592년 7월 15일 장계) 이 문구들은 이순신이 출전을 마친 후 파진하면서 휘하 장졸들에게 지시하거나 조치를 취한 내용을 보여주고 있다. 그는 전선을 수리하고 보수하며, 경계 태세에 임하고, 쉬고 있다가 다음 출전 명령이 하달되었을 때 즉시 출동할 수 있도록 하라고 휘하 장졸들에게 지시했던 것이다.

현재까지 전해져 오는 장계 중에서 사상자 명단이 포함되어 있는 것은 1592년에 4차에 걸친 출전의 결과를 보고하는 장계들이다. 이 출전 기간 동안 조선 수군의 전사자는 39명이었고, 전상자는 177명이었다. 사상자가 발생한 전선은 35척이었다. 그중에서 20명 이상의 사상자가 발생한 전선은 사도1선과 여도선 2척이었다. 10명 이상의 사상자가 발생한 전선은 본영의 거북선, 대장선, 방답의 거북선, 방답1선으로 4척이었다. 사상자를 비교적 많이 낸 함선들의 소속 지역은 전라좌수영인 본영, 흥양, 사도, 방답, 여도, 낙안이었다. 이 지역들의 수령이나 수군진장은 중부장, 전부장, 후부장, 우부장, 좌부장, 척후장 등과 같이 이순신 함대 진형의 여러 부장직을 맡고 있었다. 이것은 사상자가 이순신 함대의 특정 부분에서 집중적으로 발생한 것이 아니라 모든 부분에서 고루 발생했음을 보여주고 있다. 이순신의 예하 지휘관들과 장졸들이 전투 때 용감하게 싸웠다는 것을 알 수 있다.

사상자의 직위나 직책은 30가지로 나타났다. 여기에는 장교에 해당하는 장수와 수병에 해당하는 수졸이 모두 포함되어 있었다. 그러나 대부분의 사상자는 수군, 정병, 토병, 별군으로 지칭되는 수졸들이었다. 특히 전선의 다양한 운용 요원과 전투 요원 중에서 격군과 사부의 사상자 수가 월등히 많았다. 원래 노를 젓는 격군은 판옥선의 상장갑판과 거북선의 개판 밑에 위치하고 있었기 때문에 완벽하게 보호되었다고 전해져 왔다. 또한 활을 쏘는 사부들은 거북선의 경우 노수와 같은 갑판에 있었고, 판옥선에서는 상장갑판 위의 방패와 여장에 의해 보호를 받기 때문에 비교적 안전하다고 알려져 왔었다. 그럼에도 불구하고 격군의 사상자가 제일 많이 발생한 때는 총통을 발사하기 위해 현측의 패판은 물론 방패의 총혈이나 포문을 열어 놓았을 때와 활을 쏘거나 선체 밖의 상황을 알아보기 위해 여장을 열어 놓았을 때였다. 그것들이 열려있을 때마다 격군들이 그 열려진 틈으로 노출되어 적의 철환이나 화살을 맞았다. 격군에 비해 상대적으로 사부와 포수들의 수가 적은 것은 총통과 활을 쏘기 위해 자리를 수시로 옮겨야 했고, 그런 까닭에 노출되는 시간이 격군보다 상대적으로 그만큼 더 적었기 때문이었다.

거의 모든 사상자들은 도검류가 아니라 화살과 철환에 의해 피해를 당했다. 이순신의 장계에 따르면, 칼 맞아 죽은 부하는 제2차 출전 때 홍양1선의 사부 1명뿐이었다. 그는 해상전투가 아닌 해안에 상륙하여 적군을 추격하는 과정에서 전사했다. 어떤 해전에서도 이순신의 부하 중에서 적군의 도검류에 의해 사상당한 사람은 거의 없었다. 이순신이 적함과 충돌하는 전술이나 뱃전오르기와 그에 이은 육박전과 같은 전술이나 전투 방법을 사용하지 않았기 때문이었다.

거북선에서는 사상자가 사망 2명과 부상 22명으로 모두 24명이었는데, 이것은 전체 사상자의 11%였다. 출전한 거북선의 척수가 3척 이하였음을 감안할 때, 거북선에서 사상자의 발생 비율은 아주 높았다고 할 수 있다. 거북선의 사상자 비율이 이렇게 높았던 이유는 진형의 선두에서 적진으로 돌진하는 돌격선 역할을 했던 거북선이 다른 함선보다 적함들과 더 가깝게 접근하였고 또한 그만큼 적에게 노출될 수 있는 시간이 길었기 때문이었다. 첫 출전인 2차 출전에서는 거북선에서 희생자가 나오지 않았다. 3차 출전에서는 사망 2명과 부상 16명으로서 18명의 사상자가 발생했다. 이것은 3차 출전 때 발생한 전체 사상자 132명의 14%였다. 그리고 4차 출전에서는 6명의 부상자만 발생했는데, 4차 출전 때 발생한 전체 사상자 31명의 19%였다. 사상자는 모두 격군과 사부로서 수졸 신분이었다. 또한 사상자 중에서 1명을 제외한 23명이 철환에 의해 피해를 입었다.

이순신이 사상자들에 대해 취한 조치도 장계와 일기에서 찾아 볼 수 있다.

"위의 사람들(사상자)은 화살과 돌을 무릅쓰고 결사적으로 돌진하다가 혹은 죽고 혹은 부상당했기 때문에, 죽은 사람의 사체는 각자 그 장수에게 명하여 별도로 소선에 실어 고향으로 보내 장사지내게 했아오니, 그들의 처자들에게 휼전을 베풀어 주시옵소서. 중상이 아닌 사람들에게는 약물을 지급하고, 충분히 치료받도

록 하라고 각별히 신칙했으며….”(1592년 6월 14일, 7월 15일, 9월 17일 장계)

그는 전사자의 시신을 고향에 보내 장례를 치르게 했다. 전사자의 유가족에게는 휼전을 지급받게 해주었다. 부상자들에게는 치료를 받을 수 있게 했으며, 필요한 약을 충분히 제공했다. 그는 전사한 장졸들에 대해 합동으로 제사지냈다. 그는 “녹도 만호 송여종을 시켜 죽은 군졸들에게 제사지내도록 쌀 2섬을” 주었다.(1595년 7월 14일 일기) 장수의 경우에는 사당에 배향할 것을 조정에 건의하기로 했다. 이 사실은 다음과 같은 정운의 경우를 통해 알 수 있다.

“녹도 만호 정운은 … 세 번 승첩할 때마다 언제나 선봉을 섰고, 이번 부산 해전 때에도 몸을 가벼이 여겨 죽음을 생각하지 않고 먼저 적의 소굴에 쳐들어갔으며, 하루 종일 교전하면서도 오히려 힘껏 쏘기를 빨리 함에 따라 적들이 감히 움직이지를 못하였는바, 이는 정운의 힘이었습니다. 그런데 그날 돛을 올릴 때 철환을 맞아 죽었사온바 … 이대원의 사당이 아직도 그 포구에 있으므로 같은 제단에 초혼하여 함께 제사를 지내 한편으로 의로운 혼령을 위로하고, 한편으로 다른 사람을 깨우치게 하소서."(1592년 9월 11일 장계)

이순신은 전라좌수사 겸 삼도수군통제사였고, 원균은 경상우수사였다. 따라서 이순신이 원균의 상급자였지만, 이순신이 삼도수군통제사가 되기 전은 물론 된 이후에도 수사라는 점에서 두 사람이 동급 지휘관이었다. 그런 까닭에, 두 사람은 각자 전공을 세운 사람들의 명단과 전공 내용을 자세히 기록한 장계를 조정에 올려 보냈다.

7차 출전을 했을 때, 이순신의 함대는 1594년 3월 5일 제2차 당항포 해전을 했다. 이 해전에서 당파분멸된 적선은 30척이었다. 원균은 자기 부하들이 적선 31척을 모두 불태웠다는 내용으로 장계를 작성하여 보냈다. 이 해전에 참전한 조선 수군의 전선은 124척과 60척 두 가지 설이 있는데, 124척의 경우에는 각 전선이 소속된 부대가 밝혀져 있다. 전라좌수영과 전라우수영의 전선은 110척이었고, 경상우수영의 전선은 14척이었다. 원균은 이 해전의 전공이 모두 자기 부하들의 전공이라고 주장했지만, 그가 지휘한 전선은 참전한 전선 척수의 11%밖에 되지 않았다. 이순신은 원균의 허위보고 때문에 "온 진중의 장수와 군사들이 괘씸히 여기지 않는 이가 없아오니 조정에서 참고하여 시행해주시도록 아뢰옵니다"라고 장계를 올려 보냈다.(1594년 3월 10일 장계)

전공에 대한 포상 절차는 까다로웠다. 먼저 현지 사령관이 공문을 작성하여 그 증거물과 함께 조정에 보고했다. 조정에서는 이를 일차 심사하여 국왕에게 보고하고, 이어서 실사단을 조정에서 현지로 파견하여 조사하게 한 후 실사단이 조정에 돌아와 보고서를 작성하여 왕에게 보고했다. 현장 지휘관과 조사단의 보고서를 비교 검토하여 전공 등급과 포상 내용을 결정하여 왕의 결재를 받아 현지 부대에 보냈다. 그 때에야 현지 사령관은 조정에서 내려온 대로 전공을 포상했다. 그렇기 때문에 전공 포상은 1달 이후에나 가능했다. 그런데 임진왜란 때에는 1592년 5월 7일 한양이 함락되어 조정이 의주로 피신을 갔기 때문에 이 절차를 밟는 데에는 기일이 훨씬 더 오래 걸릴 수밖에 없었다. 그러나 이순신은 급했다. 1592년 감행한 총 4회의 출전에서 출전을 마치고 다음 출전을 나가는데 걸린 시간은 20일에서 30일간이었다. 전투의 승패를 좌우하는 중요한 요소 중 한 가지는 장졸들의 사기였다. 최전선 함대의 사령관이었던 이순신은 차기 출전을 나가기 전에 전공자들을 포상해야 부하들의 사기가 오르고 전투의지를 더 높힐 수 있다고 생각했다.

"포상하는 일을 만약 조정의 명령을 기다린 뒤에 결정하려면 왕복하는 동안 시일이 늦어지고, … (중략) … 상을 주어야 할 시기를 넘길 수 없습니다. 그리하여 군사들의 심정을 위로하고 격려하여 당면한 일에 신경 쓰도록 우선 공로를 참작하여 1, 2, 3등으로 나누어 별지에 자세히 기록했습니다."(1592년 6월 14일 장계)

1592년 7월 15일자 장계에도 이러한 사실이 포함되어 있다. "당초의 약속과 같이 비록 머리를 베지 않았다 해도 죽을힘으로 전투를 한 사람들은 신이 직접 본 것으로서 등급을 나누어 결정하고 함께 기록하였음을 삼다 갖추어 아룁니다." 따라서 "비록 머리를 벤 것은 없으나 힘써 싸운 공로는 먼저 번보다 훨씬 더" 한 경우가 많았다.(1592년 9월 17일 장계) 이순신은 이러한 현지 상황을 잘 모를 수밖에 없는 조정을 대신하여 그 자신이 직접 전공의 등급을 정해 보고했다. 전공 포상의 절차를 간소화하기 위한 조치였다. 뿐만 아니라 공적자 명단에서 누락된 부하들에 대해서는 별도의 보고서를 작성하여 올려 보냄으로써 포상을 늦게나마 받을 수 있게 하였다.

노획물도 꼼꼼하게 조사하여 장계에 포함시켰다.

"왜선에 실렸던 물건은 모두 찾아내어 다섯 칸 창고에 가득히 채우고도 남았으며, 그 밖의 사소한 잡물은 다 기록하지 못하고 전쟁에 다시 사용할 수 있는 물건만 골라서 별도로 그 종류를 모아 놓았는데… (중략) … 왜선에 실려 있었던 물건 중에 우리가 먹을 만한 쌀 300여 석은 여러 전선의 굶주린 격군과 사부들의 양식으로 적당히 나누어 주고, 의복과 목면 등의 물건도 군사들에게 나누어 주어서 적을 무찔러 이익을 얻으려는 마음이 일어나게 할까 하오나, 먼저 조정의 조치를 기다립니다."(1592년 5월 10일 장계)

이순신이 임진왜란 첫 해에 4차에 걸친 출전에서 획득한 노획물은 5칸 창고를 가득 채우고도 남을 정도였다.

노획물은 전투 때 다시 사용할 수 있는 병기, 군량·의복·목면과 같은 군수물자, 그리고 솥·그릇 등과 같은 잡물로 구성되어 있었다. 그는 이러한 노획물이나 전리품의 목록을 자세히 정리하여 조정에 보고했으며, 그중에서 중요한 것들은 조정에 올려 보내거나 창고에 보관했다. 나머지는 함대에서 재활용하거나 장졸들에게 나눠주었다. 특히 양식, 의복, 면 등과 같은 생필품에 대해서는 장병들에게 나눠주었다. 1592년 9월 17일자 장계에도 "왜의 물품 중에서 쌀, 포목, 의복 등은 군사들에게 상품으로 나누어주고, 왜적의 병기와 같은 물품은 아울러서 아래에 기록했습니다"라는 문구가 들어있다. 의복, 양식, 솥, 나무그릇 등의 잡물을 수색해온 군졸들에게 고루 나누어 주었다는 문구는 1594년 3월 10일자 장계에서도 볼 수 있다. 이러한 조치는 부하들로 하여금 한편으로 일상생활에 도움이 되도록 하기 위한 것이었다. 다른 한편으로는 부하들이 전리품과 노획품을 상품으로 받을 수 있다는 기대감을 갖고 열심히 싸우도록 전투 의지를 높이기 위한 것이었다.

장계에는 군사적인 문제들만 들어있는 것이 아니라 백성들의 문제도 포함되어 있다.

"뿐만 아니라, 신이 이번에 연해안을 두루 돌아보니 지나가는 산골짜기마다 피난민이 없는 곳이 없으며, 신들의 배를 바라보고 아이나 늙은이나 짐을 지고 서로 이끌며 흐느껴 울며 부르짖는 것이 재생할 길을 얻은 것처럼 하며, 혹은 적의 종적을 알려주는 자도 있었는데, 보기에 참담하여 곧 싣고 가고 싶었으나 그런 사람들이 너무 많을 뿐 아니라 전쟁을 해야 하는 배에 사람들을 가득 실으면 배를 운용하는데 편리하지 못함을 생각하여, '돌아갈 때 데리고 갈 예정이니 각각 잘 숨어서 적에게 들키지 않도록 조심하여 사로잡히는 일이 없도록 하라'고 알아듣도록 타이른 뒤 … (중략) … 이 피난민들이 집을 나온 날이 오래 되었으며 또한 남은 양곡마저 다되어 굶어죽을 것이 분명하므로, 그 도의 겸관찰사에게 '끝까지 탐방해서 찾아내어 구호하기 바랍니다'고 통보했습니다."(1592년 5월 10일 장계)

이 인용문은 전쟁의 참상을 실감나게 보여주고 있다. 이순신은 첫 출전을 나갔을 때 전쟁으로 큰 피해를 입고 어려움을 많이 당하는 것이 무엇보다도 백성임을 눈으로 직접 보아 알 수 있었다. 이순신은 출전 도중에 수많은 피난민을 보고 데려가고 싶었으나 전투하러 가는 마당이라 그들을 전선에 태울 수 없어 지상에 있는 겸관찰사에게 그 상황을 알려 구호하게 했다.

2차 출전에서도 눈에 보이는 백성들의 상황은 나아진 점이 없었다. 웅천 주변에 있는 7, 8개 고을에 있던 피난민들은 산골에 잠복해 있다가 이순신의 함대를 발견하고 기뻐했다. 그들은 산골에서 해안으로 내려와 적의 행방을 말해주었으며, 적이 있는 방향을 손으로 가리켜주었다. 피난민 중에서 지극히 비참하고 불쌍해 보이는 사람들에게 적선에서 노획한 쌀과 포목을 고루 나누어주었다. 귀화인과 어부들은 본영인 좌수영의 성내로 데려갔는데, 그 수가 거의 200여 명에 이르렀다. 이순신은 제각기 자기 직업을 갖고 부지런히 일하여 오래도록 편히 살도록 하기 위해 본영에서 가까운 장생포 등 땅이 넓고 기름지고 인가도 많은 곳에 나누어 들였다.(1592년 6월 14일 장계)

3차 출전 때에는 현지 주민들을 배려하여 작전의 강

도를 조절하기까지 했다. 이순신의 부하들에게 배를 버리고 해안에 상륙해버린 적을 추적하게 했다. 그러나 부하들은 자신들의 사령관이 의도하는 바를 잘 알기 때문에 추적하는 척하다가 곧장 해안으로 돌아왔다. 1차와 2차 출전 때에는 이럴 경우 버리고 간 적선을 전부 불살라버렸었다. 그러나 3차 출전 때에는 그러지 않았다. 그곳 백성들 중 산골에 숨어있는 사람이 매우 많았다. 만일 적선을 모조리 불살라버린다면, 궁지에 빠진 일본군들이 숨어있는 백성들을 비참하게 살육할 것이 뻔해 보였다. 이런 까닭에 이순신은 적선을 불사르지 않은 채 해상으로 후퇴했다.(1592년 7월 15일 장계)

임진왜란 때 백성들을 위해 이러한 행동이나 활동을 한 관리나 장수는 거의 없었다. 설령 있다고 해도 말뿐이었고, 실제로 조치를 취하거나 행동을 한 사람은 정말 드물었다. 이순신의 피난민에 대한 조치는 그야말로 백성이 곧 하늘이라는 말을 행동으로 보여준 대표적인 사례였다.

8
고행의 길을 걸으면서도 전쟁을 이기려 하다

이순신은 두 차례 백의종군을 했다. 첫 번째는 함경도 조산보 만호와 녹둔도 둔전관을 겸하고 있던 1587년 8월 여진족이 기습했을 때였다. 당시 함경도병사였던 이일이 자신의 책임을 면하고자 이순신에게 책임을 덮어씌우기 위해 무고하는 바람에, 이순신은 10월 중순에 파직되어 백의종군했다. 그가 43세였을 때이자 무관 생활을 시작한지 11년째 되던 해였다. 이 백의종군 기간은 여진족의 시전부락을 정벌했을 때 공을 세워 특사를 받은 1588년 1월까지 3개월 동안이었다. 두 번째는 그가 53세 때 삼도수군통제사로 근무하다가 파직되고 구금되었다가 특사를 받아 출옥한 1597년 4월 1일부터 삼도수군통제사로 재임명된 8월 3일까지 만 4개월의 기간이었다.

선조는 1597년 3월 13일 우승지였던 김홍미에게 내린 비망기에서 이순신의 죄목이 4가지임을 밝혔다.

이순신이 조정을 기망한 것은 임금을 무시한 죄이고, 적을 놓아주고 치지 않은 것은 나라를 저버린 것이며, 심지어 남의 공을 가로채고 남을 모함하기까지 하며, 방자하여 어렵게 여기고 꺼리지 않은 죄였다.(『선조실록』)

'조정을 기망하여 임금을 무시한 죄'의 발단은 부산의 일본군 진영에 대한 방화 작전의 보고와 관련된 사건이었다. 이순신은 1596년 12월 12일 일본군의 주요 기지가 있던 부산포를 방화하여 적에게 큰 피해를 주었다는 장계를 12월 27일 올려 보냈다. 이 장계에 따르면, 거제현령 안위, 군관 김난서, 군관 신명학이 박의검과 밀모하여 부산의 일본군 진영에 방화했다. 이 방화로 적의 가옥 1천여 호, 화약 창고 2채, 군수품 보관 가옥 1채, 일본 선박 20척이 불에 타버렸다. 적군도 24명이 죽었다. 그로부터 6일 뒤인 1597년 1월 2일에는 이조좌랑 김신국이 같은 사건에 대해 장계를 올렸다. 이 장계에 따르면, 이 방화 사건은 도체찰사 이원익의 군관 정희현이 부산수군 허수석 형제와 함께 실행한 것이었다. 이순신의 군관은 부사의 복물선을 운반하기 위해 부산에 와 있다가 돌아가서 이를 자기가 한 일이라고 보고했다. 이순신은 이러한 사정을 모르고 조정에 치계했다. 김신국은 결과적으로 이순신이 허위보고를 했으며, 남의 공을 가로채려는 의도가 있다고 보았다.

선조는 김신국의 장계를 믿었다. 그리하여 왕은 1월 27일 "이순신이 부산 왜영을 불태웠다고 속여 조정에 보고"한 것을 "가등청정의 머리를 가져온다 해도 면할 수 없는 죄"라고 말했다. 이에 대해 호조판서 김수는 "자세히 알 수 없습니다"라고 말했다. 이조참판 이정형은 "변방의 일을 멀리서 헤아릴 수가 없으니, 서서히 처리해야 합니다"라고 건의했다. 이후의 어전회의에서는 선조를 비롯하여 어느 누구도 이 사건으로 이순신을 비난한 적이 없었다. 그러나 이 사건은 1597년 2월 26일 이순신이 체포되고 투옥되는 죄명 중 하나가 되었다.

'적을 놓아주고 치지 않아 나라를 저버린 죄'는 조정이 일본군의 이간책에 넘어갔기 때문에 발생했다. 일본 장수 고니시 유키나가는 강화가 결렬되자 1597년 1월 11일에 경상우병사인 김응남에게 사람을 보내 도움을 요청했다. 이 요청은 가토 기요마사의 군사 이동에 대한 정보를 제공하면서 자신의 정적을 해상에서 요격해달라는 것이었다. 더 구체적으로 말하면, 고니시는 동풍과 서풍이 불 경우에 대비하여 조선 함대를 일본군의 본거지인 가덕도 해역과 서생포 해역에 양분하여 배치해달라고 요구했다. 그러나 가토의 부대가 언제 어디로 대한해협을 도해하는지에 대해서는 명확하게 언급하지 않았다. 김응남은 이 내용을 조정에 보고했다. 황신은 적장이 흘린 정보를 믿을 수 없다고 간언했다. 그러나 조정은 황신의 간언을 무시하고 이순신에게 출전하라고 지시했다.

가토의 부대는 1월 13일 가덕진에 이미 도착해있었다. 이 사실을 몰랐던 도원수 권율은 그 다음날인 14일에 한산도에 와서 이순신에게 고니시의 정보에 의거하여 출전하라고 명령했다. 이순신은 “바닷길이 험난하고 왜적이 필시 복병을 매복시킨 채 기다리고 있을 것입니다. 전함을 많이 출동시키면 적이 이를 알게 될 것이고, 적게 출동시키면 도리어 습격을 받을 것입니다”라고 말하면서 출전하는 것을 주저했다. 이순신은 전시에 적장이 흘린 정보를 믿지 않았으며, 그 정보를 믿고 작전을 수행했을 때 예측되는 결과와 영향을 고려하여 출전하는 것을 주저했었다. 만일 수군이 패배한다면, “조선에서 믿을 것은 수군뿐이었기 때문에” 전쟁 국면이 돌이킬 수 없을 정도로 악화될 것이라고 이순신은 생각했던 것이다.

‘남의 공을 가로채고 남을 모함한 죄’는 원균과의 불화에서 비롯되었다. 두 사람이 불화하고 갈등을 일으키게 된 최초의 계기는 임진왜란이 발발하기 1년 2개월 전에 발생한 전라좌수사의 임명 사건이었다. 1591년 2월 4일 원균이 전라좌수사에 임명되자, 사간원은 그의 근무 성적이 나쁘다는 이유로 반대했다. 원균을 대신하여 유극량이 전라좌수사로 임명되자, 사헌부는 그의 가문과 지체가 변변치 못하다는 이유로 또 반대했다. 그 결과 2월 13일 이순신이 전라좌수사로 임명되었다. 당시 이순신이 정읍 현감 겸 태인 현감으로 근무하고 있었기 때문에, 이것은 종6품에서 정3품으로 품계를 7단계나 뛰어오르는 파격적인 인사였다. 당연히 사간원의 반대가 뒤따랐다. 그러나 이순신의 임명은 강행되었다. 원균은 당시 종3품에 해당하는 부령부사로 근무하고 있었다. 만일 그가 전라좌수사로 임명된다면, 그것은 한 품계 높은 직위에 오르는 자연스러운 승진으로 간주될 수 있었다. 이러한 이유로 원균은 이순신의 전라좌수사 임명에 대해 승복하지 않았고, 서운해 했고, 분하게 생각했다. 그는 자기가 마땅히 가야 할 자리를 이순신이 빼앗아 간 것으로 생각했다. 원균은 이때부터 이순신을 곱지 않은 시선으로 보기 시작했다.

두 사람의 불화와 관련하여 조정에서 큰 논란거리가 된 문제는 원균 부하들의 활약이 이순신 부하들의 활약보다 더 컸었는가 하는 점이었다. 이것은 두 사람의 전공 다툼과 직결되는 문제였다. 1차 출전 때 이순신이 지휘하는 함대와 원균이 지휘하는 함대는 전선의 척수 면에서 14 : 1(전선의 총수 85척과 6척)이나 6 : 1(주력전선의 수 24척과 4척)의 비율로 큰 차이가 있었다. 동급 지휘관이 보유한 전선의 척수가 이처럼 크게 차이나면, 함대 지휘의 주도권은 자연히 압도적인 세력을 보유한 지휘관에게 돌아갈 수밖에 없다. 이러한 상황에서 이순신이 출전 결과를 조정에 보고하는 것은 어쩌면 당연한 일이었는지 모른다. 그런데 원균은 자기 부하들이 전투에서 항상 앞장 섰으며 모든 전공을 자기 부하들이 세운 것이라고 장계를 보냈다. 이 주장은 넌센스였다.

원균이 보유한 4척의 전선 중 2척은 선두에 배치되었다. 이런 까닭에 실제로 본진에 가담한 원균의 전선은 2척밖에 되지 않았다. 원균은 전선이 별로 없어 작전을 지휘할 수 없는 장수였다. 그러므로 원균의 부하들은 일본군의 사체를 찾아 목을 베는 일을 했다. 접전 다음날에도 소형 선박인 협선을 타고 그 일을 했다. 그러나 선조는 전쟁 초기에 원균과 이순신의 공이 같다고 생각했다. 그리고 중기에는 원균의 공이 더 큰 것으로 거듭 간주했다. 국왕과 조정 대신들은 두 사람의 불화와 갈등을 전공 다툼으로 간주했다. 그러나 실제로는 두 사람이 전공을 놓고 다툰 것이 아니라, 원균이 이순신의 전공에 대해 일방적으로 이의를 제기하면서 자신의 공으로 사칭하는 행태였다. 조정은 원균의 말만 믿고 싶어 했다.

한편 이 불화와 갈등을 당쟁 탓으로 여기는 사람들도 있다. 이순신의 지지자들은 주로 동인계열에 속한 인물들이었다. 반면에 원균의 지지자들은 국왕과 그 측근인 내관들 그리고 서인계열의 인물들이 주류를 이루었다. 원균의 지지자들 중에는 이산해와 이덕형과 같은 동인들도 일부 포함되어 있었다. 동인계열의 인물들이 원균 지지자에 포함된 것은 친인척 관계 때문이었다. 그 예를 들면, 김응남은 이산해의 누이 남편이었으며, 이덕형은 이산해의 사위였다. "원균이 서울에서 오래 살았기 때문에, 그의 일족은 귀인과 연결되어 있었고 친했다. 모함하는 일을 도운 사람이 많았다."(『은봉전서』) 게다가 원균이 조정 대신과 궁중 내관들에게 뇌물을 제공했기 때문에, 그의 지지자가 이순신의 지지자보다 많았다.

'남의 공을 가로채고 남을 모함한 죄'는 "원균이 10여세 된 서자를 전공자 명단에 포함시켜 상을 받게 했기 때문에, 이순신이 이것을 불쾌하게 여긴다 합니다"라고 말한 김수의 보고를 계기로 논의되기 시작했다. 그로부터 3년 후에 이덕형도 이 사건에 대해 원균의 편을 들었다.

"이순신이 당초 원균을 모함하면서 말하기를 '원균은 조정을 속였다. 열 두 살짜리 아이를 멋대로 군공에 올렸다'라고 했는데, 원균은 말하기를 '나의 자식은 나이가 이미 18세로 활 쏘고 말 타는 재주가 있다'고 했습니다. 두 사람을 서로 대질했는데, 원균은 바르고 이순신의 이야기는 군색했습니다."(『선조실록』)

그로부터 이틀 후에 선조는 이순신을 잡아오라는 전교를 내렸다. 선조가 전교를 내리도록 결심한 데에는 이덕형의 간언이 어느 정도 영향을 주었음을 알 수 있다. 그러나 그로부터 1년 10개월 후이자 이순신이 전사한지 18일 후인 1598년 12월 7일에는 이덕형이 동일사건에 대해 전혀 다르게 이야기를 했다.

"이순신의 사람됨을 신이 직접 확인해본 적이 없었고 한 차례 서신을 교환한 적밖에 없었으므로 그가 어떠한 인물인지 알지 못했습니다. 전일에 원균이 이순신의 처사가 옳지 못하다고 한 말만 듣고, 이순신에게 재간은 있어도 진실성과 용감성은 남보다 못할 것이라고 여겼습니다. 그런데 신이 본도에 들어가 해변 주민의 말을 들어보니 … 또 금년 4월에 고금도로 들어갔는데 … 그제서야 그의 재능이 남보다 뛰어난 줄을 알았습니다. … 이순신이 나라를 위하여 순직한 정상은 옛날의 명장에게도 부끄러울 것이 없었습니다."(『선조실록』)

'방자하여 어렵게 여기고 꺼리지 않은 죄'라는 죄목은 왕세자인 동궁과 관련이 있었다. 동궁은 조선군의 사기를 진작시키고 민심을 수습하기 위한 노력의 일환으로 1593년 12월 27일 전주에 무과시험장을 개설했다. 이순신은 "물길이 요원하여 제 기한 내에 도착하지 못할 뿐만 아니라, 적과 서로 대진해 있을 때 뜻밖의 환란이 없지 않을 것이므로 정군 용사들을 일시에 내보낼 수 없다"는 이유를 들어 부하들을 과거장에 보내지 않았다. 그 대신, 그는 "수군에 소속된 군사들은 … 진중에서 시험을 치러 그들의 마음을 위로해주도록 하되, 규정에 있는 말을 타고 달리면서 활 쏘는 것은 먼 바다에 떨어져 있는 외딴 섬이라 말을 달릴만한 땅이 없아오니, 편전을 쏘는 것으로 재능을 시험받으면 편리할까 생각되어 감히 품고"했다.(1593년 12월 29일자 장계)

이순신이 그렇게 주장한 것은 나름대로 일리가 있었다. 통제영이 있는 한산도에서 전주까지의 거리는 약 160㎞가 넘었기 때문에, 과거 응시자들이 과거일 전에 전주에 도착하기 어려웠다. 또한 만만찮은 거리 때문에 과거를 보려면 최소한 10일 이상의 기간이 필요했다. 전시에 적 함대와 대치중인 전선들에서 많은 정예 군사를 차출하여 10일 이상의 기간 동안 군영이나 전선을 비우게 하는 것은 있을 수 없는 일이었다. 최일선의 전력에서 큰 공백이 장기간 동안 생길 수 있었다. 결국, 이 과거는 이순신의 요청대로 한산도의 통제영에서 1594년 4월 6일부터 9일까지 4일간 실시되었다.

정창섭 화백과 문학진 화백이 1978년에 함께 그린 이순신이 체포되어 한성으로 압송되는 장면

정창섭 화백과 문학진 화백이 1978년에 함께 그린 이순신이 체포되어 한성으로 압송되는 장면

그런데 선조는 1596년 "동궁이 남으로 내려갔을 때 여러 번 사람을 보내 불러도 오지 않았다"고 이순신을 비난했다.(『선조실록』) 최일선에 있는 최고지휘관을 먼 곳으로 자주 호출하는 것은 전시에 반드시 해서는 안 되는 일이었다. 이것이 방자하고 또한 어렵게 여겨 꺼리는 마음이 없다는 네 번째 죄목의 근거가 되었다. 이순신은 명령 불복종에 대한 책임을 스스로 감당할지언정 유능한 병사들을 오랫동안 많이 차출하여 전선의 상황을 위태롭게 만들지 않으려고 했다.

선조는 1597년 1월 28일 원균을 경상우도수군절도사 겸 경상도통제사로 임명했다 이 인사는 이순신의 전라, 경상, 충청도의 수군을 총지휘하는 삼도수군통제사의 권한을 축소시키려는 조치의 일환이었다. 다시 말하면, 이순신이 몰락하고 원균이 부각하는 것을 예고하는 조치였다. 나아가 선조는 2월 6일 이순신을 체포하라고 명령했다. 체포 명령이 하교되었을 때, 이순신은 조정의 거듭된 지시와 도원수의 지시에 못 이겨 일본군의 간계인줄 알면서도 2월 1일 가덕도 근해로 출전해 있었다. 이순신은 한산도로 돌아와 원균에게 통제사직을 인계한 후 체포되어 2월 26일 서울을 향해 출발했다. 전시에 계속 승전하고 있는 최고사령관을 체포하고 투옥하는 것은 있을 수 없는 일이었다. 그는 3월 4일 한성에 도착하자마자 의금부에 투옥되었다.

이순신은 "12일에 문초를 당했으며" 또한 "이미 한 번 형벌을 겪었사온데 만일 다시 또 형벌을 가하면 무서운 문초로 목숨을 보전하지 … " 못할 정도였다. 문초를 한 다음날인 13일 선조는 우부승지 김홍미에게 비망기로 다음과 같이 전교했다. "이렇게 허다한 죄상이 있어 법에서 용서할 수 없는 것이니, 율을 상고하여 죽여야 마땅하다. 신하로서 임금을 속인 자는 반드시 죽이고 용서하지 않는 것이므로 지금 형벌을 끝까지 시행하여 실정을 캐내려하는데, 어떻게 처리할 것인지 대신들에게 하문하라."

이순신이 투옥되자 구명운동이 일어났다. 우의정 겸 도체찰사였던 이원익은 왜군이 두려워하는 사람이 이순신밖에 없으므로 원균을 내려 보내서는 안 된다는 상소를 즉각 올려 보냈다. 병조판서 이덕형은 선조와 독대하는 자리에서 이순신을 구하기 위해 노력했다. 삼도수군통제영의 종사관이던 정경달은 선조에게 이순신을 죽이면 사직이 망할 것이라면서 이순신의 구명을 강력하게 주장했다. 전라우수사 이억기는 이항복, 김명원 등에게 편지를 보내 구명운동을 했다. 해남 현감 유형은 통곡했고, 피를 뿌리며 대중에게 맹세했고, 여러 고을이 의견을 내도록 격려했다. 3월 13일 이순신의 처벌에 대해 대신들의 의견을 묻는 왕의 지시가 내렸을 때에는 지중추부사 정탁이 구명을 요구하는 상소를 올렸다. 그 결과, 이순신은 죽음을 면하고 4월 1일 출옥하여 백의종군하게 되었다. 이순신은 투옥된 지 28일 만에 풀려났지만, 죄인의 신분을 완전히 벗은 것이 아니었던 것이다.

이순신의 백의종군 기간은 출옥한 1597년 4월 1일부터 삼도수군통제사로 다시 임명한다는 교지를 받은 8월 3일까지 118일간이었다. 그중에서 65일간(4. 1 ~ 6. 4)은 백의종군의 장소로 이동하는 기간이었다. 따라서 실제로 백의종군지에서 백의종군을 한 기간은 60일간(6. 4 ~ 8. 3)이었다.

조선 수군이 1597년 7월 15일 밤 10시부터 16일까지 전개된 칠천량 해전에서 크게 패배했다는 소식은 일주일 후인 22일에야 조정에 전해졌다. 조정이 이 사실을 알게 된 것은 한산도의 상황을 알기 위해 파견되어 원균의 기함에 승선하고 있었던 선전관 김식이 구사일생으로 돌아와 제출한 서계 덕분이었다. 조정의 대책 회의에 참석한 대신들은 아연실색하여 제대로 말을 하는 사람이 없었다. 그 와중에 병조판서 이항복은 "통제사와 수사를 차출하여 계획을 세워 방어하게 하는 수밖에 없습니다"라고 말했다. 그러자 판중추부사 윤두수는 군졸의 충당이 어려우니 아직 통제사를 차출하지 말고 각 도의 수사로 하여금 관할지역 군졸을 수습하여 지키게 하자고 말했다. 그리고 그날 왕은 형조판서 김명원과 병조판서 이항복이 "현재의 계책으로는 이순신을 다시 통제사로 삼아야만 됩니다"라고 건의한 것을 받아들여 이순신을 전라좌도수군절도사 겸 경상, 전라, 충청, 삼도통제사로 임명했다. 이순신은 8월 3일 선전관이었던 양호로부터 겸 삼도통제사로 임명한다는 왕의 교서를 받았다. 그 교서에는 재임명하는 이유가 다음과 같이 기술되어 있었다.

"어허! 국가가 의지하여 보장을 삼은 것은 오직 해군

뿐인데 … 삼도의 큰 군사들이 한번 싸움에 모두 없어지니 그 뒤로 바다와 가까운 여러 고을들을 그 누가 막아 주랴. 한산을 이미 잃어버렸으매 적이 무엇을 꺼리겠는가. … 생각컨대 그대는 일찍 수사 책임을 맡기던 그날 벌써 이름을 떨쳤고 또 임진년 승첩이 있은 뒤부터 업적이 커 변방 군사들이 만리장성처럼 든든히 믿었는데, 지난번에 그대의 직함을 갈고 그대로 하여금 백의종군하도록 했던 것은 역시 사람의 모책이 어질지 못함에서 생긴 일이었거니와, 그리하여 오늘 이같이 패전의 욕됨을 당하게 된 것이라 무슨 할 말이 있으리오. 무슨 할 말이 있으리오. … 그대는 충의의 마음을 더욱 굳건히 하여 나라 건져주기를 구하는 소원을 풀어주기 바라면서 이에 조칙을 내리노니 그렇게 알지어다."(『완역 이충무공전서』)

참으로 궁색한 이유였다. 한마디로 말하면, 선조는 자신이 어질지 못했기 때문이라며 변명할 말이 없다고 했다. 그러면서 선조는 이순신에게 나라를 구해달라고 부탁하였다. 어쨌든 이순신은 왕이 통제사로 임명한지 9일 만에 임명장을 받은 셈이다. 그러나 그는 칠천량 해전의 패전 소식을 들은 후 도원수 권율이 제공해준

9명의 군관을 이끌고 현장 답사를 하기 위해 출발하던 7월 18일부터 사실상 통제사의 임무를 수행하고 있었다.

9
분노하고, 아파하고, 사랑하고, 통곡하다

1592년 4월 18일 오후 2시께 경상우수사 원균이 보낸 공문이 이순신에게 도착했다. 동래가 함락되었고, 양산과 울산의 고을원들도 동래성에서 싸우다가 패했다는 내용이었다. 그날 이순신은 "통분함을 이루 다 말할 수 없었다. 경상좌병사 이각과 경상좌수사 박홍이 군사를 이끌고 동래 뒤쪽까지 이르렀다가 그만 즉시 회군했다고 하니 더욱 더 원통했다"고 일기에 기록했다.

1597년 7월 14일에는 지난 9일 발생한 절영도 해전에서 아군의 전선 5척이 두모포에 표류하고 7척이 실종되었다는 소식을 듣고서는 분함을 이기지 못하여 군대를 점호하고 있던 종사관에게 가서 의논했다고 일기를 썼다. 이틀 후인 16일에는 앞서 언급한 절영도 해전의 상황을 듣고서 "참으로 놀랄 일이다. 우리나라의 병력 중에서 미더운 것은 오직 해군뿐인데, 해군이 이러하니 다시 더 바라볼 것이 없다. 거듭거듭 생각할수록 분함에 가슴이 찢어지는 것만 같다"고 일기를 썼다.

전쟁 말기인 1599년 10월 6일에는 도원수가 군관을 통해 보낸 편지를 보고서 왜교성 공략전에서 명나라의 유정 제독이 달아나려고 하는 사실을 알고 일기에 다음과 같이 써두었다. "통분하다. 통분하다. 나랏일이 장차 어떻게 될 것인고." 이순신은 아군의 패배 특히 수군이 전투에서 패배하는 것과 적을 격멸시키지 못하는 것을 분하게 생각했다.

이순신의 분노는 휘하 장수가 전사했을 때에도 폭발했다. 그가 백의종군을 하고 있던 1597년 6월 12일 일기에 따르면, 우병사 김응서는 부산에 있던 적이 창원을 향해 출항하고 서생포에 있던 적이 진영을 경주로 옮기고 있다고 긴급 보고를 했다. 이 보고를 받은 도원수 권율은 복병군을 보내 일본군을 격멸하려 한다고 이순신에게 말했다. 그로부터 13일 후의 일기에는 다음과 같이 기록되어 있다.

"저녁에 종 경이 한산도에서 돌아왔는데, 보성군수 안홍국이 탄환에 맞아 죽었다는 소식을 듣고 놀라고 슬픔을 이길 수 없었다. 한 놈의 적도 잡지 못하고 먼저 두 장수를 잃으니 통탄함을 어찌 말하랴."(1597년 6월 25일 일기)

이순신은 아군 장수가 전사한 사실을 알았을 때 놀라고, 슬퍼하며, 통탄해 했다. 적을 한 명도 죽이지 못한 채, 두 명의 아군 장수를 잃은 사실에 대해 그는 마음 속 깊은 곳에서 치밀어오는 분노를 억제할 수 없었다. 그러나 더 큰 분노는 그 장수들을 자기가 지휘하지 못해 전사했다는 자책감에서 비롯된 자기 자신에 대한 분노였을 것이다.

한편, 이순신은 장수나 관리의 행실이 바르지 못할 때에도 분노했다. 1593년 2월 14일 여러 장수들이 모여 회의를 하던 중 몇 몇 장수가 술에 취해 주사를 부렸다. 이순신은 그 날 일기에 다음과 같이 기록했다. "우후가 술주정으로 망령된 말을 했다. 기막힌 꼴을 어찌 다 말하랴. 어란포 만호 정담수와 남도포 만호 강응표도 역시 마찬가지였다. 이같이 큰 적을 무찌르는 일로 약속하는 마당에서 이렇게까지 술을 함부로 마신 그들의 사람됨에 통분함을 이길 길이 없다."

이순신이 1587년 조산보와 녹둔도에서 근무할 때 함경병사였던 이일이 경상순변사로 근무하던 1594년 11월 25일 이순신은 꿈에서 그를 호되게 꾸짖었다는 이야기를 일기에 썼다. "국가가 이처럼 위태로운 때 무거운 책임을 지고 국은을 갚겠다는 생각은 하지 않고 배짱 좋게 음란한 계집을 끼고 관사에 들어오지 않고 성 밖 여염집에 머물면서 남의 비웃음을 받으니 그래 어떠하며, 또 육군이 수군 각 고을과 포구에 배정된 병기를 독촉하기 바쁘니 이 또한 무슨 까닭이냐." 비록 꿈이었지만, 이순신은 고위 지방 관리의 불륜과 좋지 못한 근무 태도를 호되게 꾸짖었으며, 상대방은 말을 할 수 없었다.

백의종군 기간 중 구례에 머무르고 있었던 1597년 5월 21일, 박천에 사는 유해라는 사람이 한성에서 내려와 과천의 좌수 안홍제가 상궁에게 말과 계집종을 바치고 풀려난 사실을 전했다. "그는 죽을죄도 아닌데 여러 번 맞아 거의 죽게 된 상태에서 물건을 바치고 석방되었다 한다. 안팎이 모두 바치는 물건의 다소로 죄의 경중을 결정한다 하니, 이러다가는 결말이 어떻게 될지 모르겠다. 그야말로 돈만 있으면 죽은 사람의 넋도 찾아오겠다는 것인가." 삼도통제사로 재임명되고 1개월이 지난 9월 12일에는 경상우수사 배설에 대한 이야기를 기록했다. "배설의 황겁해한 꼴을 들으니 괘씸하고 한탄을 금치 못하겠다. 권세 있는 사람에게 아첨이나 하여 자기가 감당하지 못할 지위에 올라 국사를 크게 그르치건만, 조정에서 살피지 못하고 있으니 어찌하랴, 어찌하랴." 1595년 1월 21일에는 "순변사 이일의 처사가 극히 형언할 수 없고 나를 해치려고 몹시 애를 쓴다는 말을 들으니 참으로 우스웠다"고 썼다. 이순신은 뇌물과 아첨 그리고 모함이 판치는 조정과 관리들의 세태에 대해 분노했다.

이순신의 분노가 가장 잘 드러나는 대상은 경상우수사 원균이었다. "원 수사는 거짓 내용으로 공문을 돌려 부대에서 큰 소동이 일어나게 했다. 진중에서도 이렇게 속이니 그 음흉하고 고약한 것을 이루 말할 수 없다."(1593년 5월 21일 일기) 원균은 조정에 대해서도 거짓공문을 작성하여 유포했다. 제2차 당항포 해전 때 적선 31척이 분멸되었는데, 원균은 그 전공이 모두 자기 부하들이 세운 것이라고 장계를 보냈다.(1594년 3월 10일 장계)

원균에 대한 이순신의 분노는 계속 나타난다. 경상우수사인 원균과 충청수사인 정걸이 이순신에게 와서 적을 토벌하는 일을 의논한 일이 있었는데, 이때의 상황이 일기에 다음과 같이 기록되어 있다. "원 수사의 하는 말은 극히 흉측하고 말할 수 없는 흉계이다. 이러고서도 일을 같이 한다면 뒷걱정이 없을까?"(1593년 7월 21일 일기) 그밖에도 사도 첨사가 복병했을 때 일본인 복장을 한 조선 백성 10명을 잡았는데, 자세히 추궁하여 경상우수사 원균이 시킨 일임을 밝혔던(1593년 7월 28일 일기) 일도 있었다.

이순신은 원균이 술을 마시고 주사를 부리면서 망발을 하는 것에 대해서도 분노했다. "원균, 이억기, 정걸, 홍양(배홍립), 원 수사가 술을 마시겠다고 하므로 약간 주었더니, 잔뜩 취해서 흉악하고 도리에 어긋나는 말을 함부로 하는 것이었다. 해괴하다."(1593년 8월 26일 일기) "술이 여남은 잔 들어가자 미친 말이 많으니 우스운 일이었다."(1594년 2월 12일 일기) "순무어사 서성이 내 배에 와서 이야기했다. 우수사, 경상수사, 충청수사도 함께 와서 술을 세 순배 마셨는데, 원수사가 짐짓 취한 체 광증을 부리며 함부로 무리한 말을 뇌까리니 순무도 괴이함을 이기지 못했다."(1594년 4월 12일 일기) "술이 여남은 잔 들어가자 미친 말이 많으니 우스운 일이었다."(1594년 2월 12일 일기) 원균의 주사와 망발은 조정의 여론에까지 영향을 주었다. "저녁에 겸사복이 임금의 분부를 가지고 왔는데, 그 사연에 이르기를, '수군의 여러 장수들과 경주에 있던 여러 장수들이 서로 화목하지 못하다 하니, 앞으로는 그런 습관을 모두 버리라'는 것이었다. 통탄스럽기 그지없었다. 이것은 원균이 취해서 망발을 부린 것 때문이었다."(1594년

6월 4일 일기)

원균은 술을 마시지 않았을 때에도 이순신에 대해 망발과 모함을 했는데, 이순신은 이런 사실을 다른 사람을 통해 전해 들었다. 1593년 8월 2일 어두울 무렵에 전라우수사 이억기가 이순신의 기함에 왔다. "원 수사가 허망한 말을 하며 내게 대해서 좋지 못한 말을 많이 하더라고 전했다. 모두가 망령된 짓이라 무슨 상관이 있으랴." 1594년 7월 11일에는 경상순무 서성이 보낸 공문이 왔는데, 원 수사가 불평을 많이 했다는 내용이었다. 1594년 10월 17일자 일기에도 다음과 같이 기록되어 있다. "늦게 우수사가 오고 어사(서성)도 와서 조용히 이야기했는데, 원 수사의 속이고 무고하는 짓에 대해 많이 말했다. 참으로 해괴하다. 나중에 원(원균)도 왔다. 그 흉패한 꼴은 이루 다 말할 수 없었다." 백의종군을 하던 시기에도 이순신은 원균의 모함을 받았다. "음흉한 원(원균)이 편지를 보내 문상하니, 이것은 원수(권율)의 명령이었다. 원이 온갖 계략으로 나를 모함하려 덤비니 이 역시 운수다. 뇌물로 실어 보내는 짐이 서울 길에 잇닿았으며, 그렇게 해서 날이

갈수록 심히 나를 헐뜯으니, 그저 때를 못 만난 것만 한탄할 따름이다."(1597년 5월 8일 일기)

이순신은 원균을 음험하거나 음흉하고 흉악한 사람으로 인식했는데, 이를 보여주는 기록은 이순신이 삼도수군통제사로 임명된 1593년 8월 15일 전후에 특히 많이 나타난다. "원 수사의 음흉하고 간흉한 것은 형편이 없다, 형편이 없다."(1593년 7월 28일 일기) 원균, 그의 형제인 원연, 이억기, 정걸이 왔는데, "말하는 가운데 원 수사의 음흉하고 고약한 일이 많으니, 그 허무맹랑한 꼴은 이루 말할 수가 없었다."(1593년 8월 19일 일기) "원 수사가 와서 음흉하고 간휼한 말을 많이 했다. 심히 해괴하다."(1593년 8월 28일 일기) "원 수사가 또 와서 영등으로 가자고 독촉한다. 참으로 음흉하다. 자기가 거느린 25척은 모두 내보내고 단지 7, 8척만 갖고 이런 말을 하니, 그 마음 쓰고 행사함이 모두 이따위다."(1593년 8월 30일 일기)

원균에 대한 이순신의 이러한 인식은 그 이듬해에도 나타난다. "원 수사의 음험하고 흉악한 품은 이를 길이 없었다."(1594년 2월 23일 일기) 심지어 백의종군을 하고 있던 1597년 5월 5일에는 충청우후 원유남이 한산도에서 와서 "원공의 못된 짓을" 많이 전해주었다. 5월 6일에는 정원명이 와서 "흉한 자의 못된 짓을" 많이 이야기해주었다. 5월 7일에는 서산군수 안괄이 와서 "음흉한 자의 일을" 많이 전해 주었다. 백의종군을 하고 있을 때 이순신이 원균의 언행에 대해 3일간 계속 전해 듣고 분노한 경우도 있었던 것이다. 원균은 자신이 삼도수군통제사가 되지 못하고 이순신이 된 것에 대해 몹시 기분이 나쁜 것을 임관 후배격인 이순신에게 주사, 망발, 불평, 모함을 하는 방법으로 표출한 것이다.

고위관리들이 공평정대하게 근무하지 않는다는 사실을 알았을 때에도 이순신은 분노했다.

"임금을 속임이 여기까지 이르니 나랏일이 이러하고야 평정될 리 만무하다. 우러러 탄식할 뿐이다. 또 수군 일족에 대해 대충 징발하는 일과 장정 4명 중 2명이 전쟁에 나가야 하는 것을 심히 그르다 말했으니, 암행어사 유몽인은 국가의 위급함을 생각하지 않고, 다만 눈앞을 꾸며 갈 것만 노력하고, 남쪽 지방의 종

작없는 소리만 믿으니, 나라를 그르치는 교활하고 간사한 말이 … 나라를 위하는 아픔이 더욱 크다."(1594년 2월 16일 일기)

이것은 암행어사 유몽인이 중위장 권준을 탐관오리로 조정에 보고하기 위해 작성한 비밀 장계의 초안을 보고서 이순신이 자신의 심정을 일기에 기록한 부분이다. 그가 보기에 유몽인은 허위 보고를 했으며, 실상 파악을 하지 않은 채 몇 사람의 말만 믿었고, 전체를 보지 못하고 지엽적인 사항이나 눈앞의 일에만 급급했다. 이순신은 암행어사의 이러한 태도를 보고 하늘을 '우러러 탄식'했다. 또한 나라의 앞날이 걱정되어 가슴 아파하기도 했다.

한편, 이순신은 자신이 정말 아픈 상황을 일기에 솔직하게 그리고 자주 표현했다. 1594년 4월 25일에는 "새벽부터 몸이 몹시 불편하여 종일 고통스러웠다. 밤새도록 앓았다." 그 다음날에도 "병세가 극히 중해져서 거의 사람을 알아보지 못했다." 1595년 1월 14일에는 "몸이 불편하여 누워서 신음했다." 1595년 6월 5일에는 "몸이 몹시 불편하여 저녁밥을 먹지 않고 종일 고통스러웠다." 7일에는 "몸이 몹시 불편하여 누웠다 앉았다 하며 신음했다."

이순신이 사랑한 것은 무엇이었을까? 그는 "이날 소나기가 흡족하게 내렸으니 어찌 하늘이 백성을 살리려는 뜻이 아니겠는가"(1594년 6월 15일 일기)라고 생각했다. 1596년 2월 6일의 일기에는 적량 지방의 고여우라는 인물이 큰 배를 가지고 왔으나, "오른쪽 발가락이 모두 얼어서 무질어졌으니 어찌 하랴, 어찌 하랴"라고 안타까워했다. 이순신이 백성과 부하를 사랑했던 사실을 알 수 있게 해주는 기록들이다.

이순신은 부모, 부인, 자식도 사랑했는데, 일기에는 그의 가족애를 느낄 수 있는 구절들이 많이 있다. 먼저 부모에 대한 대표적인 구절을 보면 다음과 같다. 그는 "병드신 팔십 노친을 생각하며 뜬 눈으로 밤을" 새웠다.(1595년 1월 1일 일기) 선친의 생신날에는 그가 돌아가신 선친을 생각하다가 "슬픈 생각에 눈물지었다."(1595년 7월 2일 일기) 심지어 백의종군을 가는 도중 잠시 아산의 본가에 들렀을 때 그는 어머니가 탄 배가 9일 안흥량을 통과했다는 소식을 들었지만 왠지 불길

한 생각이 들었다. "마음이 언짢아서 취한 듯 미친 듯 마음을 건잡을 수가 없으니 이 무슨 징조일까. 병드신 어머님을 생각하며 눈물이 흐르는 것을 깨닫지 못하였다."(1597년 4월 11일 일기)

부인에 대한 사랑은 1594년도의 일기를 통해 알 수 있다. "이날 아침 탐선이 들어왔는데, 아내의 병세가 아주 위중하다는 것이었으니 벌써 생사간 결말이 났을지도 모른다. 나랏일이 이에 이르렀으니 다른 일에 생각이 미칠 수 있으랴마는 세 아들 딸 하나가 어떻게 살아갈꼬. 아프고 괴롭구나."(1594년 8월 30일 일기) 그로부터 이틀 뒤인 9월 2일의 일기에는 다음과 같이 기록되어 있다. "아내의 병이 좀 나아졌다고 하나 원기가 몹시 약하다고 했다. 매우 걱정스럽다." 이것은 부인이 생사를 오갈 정도로 장기간 중병을 앓고 있었으나 최전선에서 일본 수군과 대치하고 있었기 때문에 가보지 못하는 심정을 이순신이 토로한 기록들이다. 부인과 자식들에 대한 사랑이 얼마나 지극했는지 알 수 있게 해준다. 그로부터 이틀 뒤인 1594년 9월 2일에는 그가 "아내의 병이 덜해지기는 하나 원기가 몹시 약하다 하니 걱정스럽다"라고 일기를 썼다.

자식을 사랑하는 마음도 부모와 부인에 대한 사랑에 뒤지지 않았다. 아들 염이 아픈 사실을 1593년 7월 29일 알고 일기에 다음과 같이 썼다. "본영 탐후인이 왔는데, 염의 병이 낫지 않는다 하니 몹시 민망스럽다." 그로부터 5일 후인 8월 3일에는 구체적인 병명과 치료과정을 알게 되었다. "염의 종기를 침으로 째던 일을 전하는데, 새삼스레 놀랐다. 며칠만 더 늦었더라도 구할 수 없었다는 것이다." 그 다음 해에는 면이 아팠다. "또 아내의 편지에는 아들 면이 더위를 먹어 앓는다고 했다. 괴롭고 답답한 일이다."(1594년 6월 15일 일기) 약 한 달 뒤인 1594년 7월 11일에도 면이 계속 아팠다. "궂은비가 오고 큰 바람이 불면서 종일 그치지 아니했다. 울이 가는데 곤란할 것이 걱정되었고, 면의 병이 어떠한가도 궁금했다." "저녁에 탐선이 들어와 어머님께서 평안하시다는 것은 살폈으나, 면의 병세는 여전히 중하다는 것이었다. 애타는 마음이건만 어찌하랴."(1594년 7월 12일 일기) 염(苒)은 셋째 아들의 이름이었는데, 1593년 8월 3일부터 1594년 6월 15일 사이에 면(葂)으로 개명되었다.

둘째아들 울이 한산도에 왔다가 1596년 2월 2일 갔는데, 그 다음날 일기는 다음과 같다. "홀로 앉아서 아들이 떠나간 것을 생각하고 심회가 편치 않았다." 아들 면이 한산도에 왔다가 본영으로 돌아간 날의 일기에는 다음의 문구가 있다. "이날 어둘 무렵에 서풍이 크게 일어서 밤새도록 그치지 아니했다. 아들이 떠나간 것을 생각하니 걱정스럽다. 답답함을 어찌 다 말하랴."(1596년 2월 17일 일기)

이순신이 통곡한 경우는 세 차례 있었다. 첫 번째는 칠천량 해전에서 원균이 지휘한 조선 수군의 대패 소식을 들었을 때였다. "16일 새벽 수군이 야간 기습으로 통제사 원균이 전라우수사 이억기, 충청수사 최호 및 여러 장수들과 함께 많은 해를 입고 수군이 크게 패했다는 것이었다. 듣자니 통곡이 터져 나옴을 이길 길이 없었다."(1597년 7월 18일 일기)

두 번째는 모친의 사망 소식을 들었을 때였다. 백의종군을 하러 가는 도중 잠간 아산 본가에 들르고 있던 1597년 4월 13일자 일기이다. "종 순화가 배에서 와서 어머님의 부고를 전한다. 뛰쳐나가 뛰며 뒹그니 하늘의 해조차 캄캄하다." 3일 뒤인 16일에는 본가에 빈소를 차렸으나 장례를 치르지 못하고 백의종군지로 가야만 하는 심정을 일기에 썼다. "나는 맥이 다 빠진데다가 남쪽 길이 또한 급박하니, 부르짖으며 울었다. 다만 어서 죽기를 기다릴 따름이다." 그리고 본가에서 백의종군지로 출발한 19일 일기는 다음과 같다. "일찍 길을 떠나며 어머님 영 앞에 하직을 고하고 울며 부르짖었다. 어찌 하랴, 어찌 하랴. 천지간에 나와 같은 사정이 또 어디 있을 것이랴. 어서 죽는 것만 같지 못하구나." 삼도수군통제사로 재임명된 이순신이 일본 수군을 피해 후퇴를 거듭하고 벽파진 해전을 마친 후이자 명량 해전이 일어나기 5일전 전세가 급박한 상황에서도 돌아가신 어머니를 생각하고 울었다. "홀로 배 위에 앉아 어머님 그리운 생각에 눈물지었다. 천지간에 나 같은 사람이 또 어디 있으랴."(1597년 9월 11일 일기)

세 번째는 셋째아들 면이 전사한 소식을 들었을 때였다

"저녁에 어떤 사람이 천안에서 와서 집안 편지를 전

하는데, 봉함을 뜯기도 전에 뼈와 살이 먼저 떨리고 정신이 혼란해졌다. 겉봉을 대강 뜯고 열이 쓴 글씨를 보니 거죽에 '통곡' 두 자가 씌어 있어 면의 전사를 알고, 간담이 떨어져 목 놓아 통곡했다. 하늘이 어찌 이다지도 인자하지 못하시는고. 간담이 타고 찢어지는 것 같다. 내가 죽고 네가 사는 것이 이치에 마땅한데, 네가 죽고 내가 살았으니 이런 어긋난 일이 어디 있을 것이냐. 천지가 깜깜하고 해조차도 빛이 변했구나. 슬프다 내 아들아, 나를 버리고 어디로 갔느냐. 남 달리 영특하기로 하늘이 이 세상에 머물려 두지 않는 것이냐. 내가 지은 죄 때문에 앙화가 네 몸에 미친 것이냐. 내 이제 세상에 살아 있은 들 누구에게 의지할 것이냐. 너를 따라 죽어 지하에서 같이 지내고 같이 울고 싶건마는, 네 형, 네 누이, 네 어머니가 의지할 곳이 없으므로 아직은 참고 연명이야 한다마는, 마음은 죽고 형상만 남아 있어 울부짖을 뿐이다. 하룻밤 지내기가 1년 같구나. 밤 9시께 비가 내렸다."(1597년 10월 14일 일기)

명량 해전에서 뜻하지 않게 대패를 당한 일본군은 이순신에 대한 복수의 일환으로 아산 본가를 공격했다. 이때 21살이었던 셋째아들 면은 모친을 구한 후 적진 속으로 뛰어 들어가 싸우다가 전사했다. 이순신은 안편도에 머물고 있던 1597년 10월 14일 둘째아들 열이 보낸 편지를 받아보고 알게 되었다. 면이 전사했다는 사실을 알리는 편지였다. 1593년, 1594년, 1597년에 아팠던 병약한 아들이었기에, 그날 이순신은 더욱 가슴 아파하고, 통곡하고, 울부짖었다. 다음날인 15일에는 이 사실을 알게 된 많은 휘하 장수들로부터 조문을 받았다. 16일에는 드러내놓고 울지 못하고, 소금 만드는 강막지의 집으로 가서 목 놓아 통곡했다. 17일 새벽에는 흰 띠를 둘러메고 향을 피우고 곡을 했다. 19일 새벽에는 죽은 아들에 대한 꿈을 꾸었으며, 그로부터 19일 후인 11월 7일에 다시 꿈을 꾸었다. 11월 23일에는 본가에 보낼 편지를 쓰면서 죽은 아들 생각이 나 많이 울었다.

이순신은 정작 자신이 죽을 때에는 다른 사람들이 울지 못하게 했다. 1598년 11월 19일 노량 해전이 한참이던 때 그는 일본군의 유탄을 맞고 스러졌다. 이순신은 "전투가 지금 한창이니 내가 죽었다고 말하지 말라" 하고 죽었다. 그의 곁에는 맏아들 회와 조카 완 그리고 종 금이가 있었다. 그리고 조금 떨어진 곳에 군관 송희립이 있었다. 그들은 이순신의 유언을 지키느라 전투가 끝난 후에야 통곡할 수 있었다. 명 도독 진린도 전투가 끝난 후 이 사실을 알고 배 위에서 세 번이나 넘어지고 자기 가슴을 치며 한참이나 통곡하였다.

조선 수군과 명 수군의 모든 장졸은 이순신의 죽음을 슬퍼하면서 고기를 먹지 않았다. 그의 영구가 고금도에서 아산으로 옮겨질 때, 명나라 진린 도독과 연합군의 모든 장수들이 만장을 지어 영구를 따르면서 슬퍼했다. 남녀노소 할 것 없이 백성들은 길에 나와 통곡하면서 영구를 따랐다. 절름발이라 참전하지 못한 것을 한으로 여기고 있던 전라북도 함열사람 박기서는 이순신의 전사 소식을 듣고서 자기 부모가 죽은 것처럼 3년상을 치르고 제사를 지냈다. 다른 많은 선비들도 나라 곳곳에서 죽은 이순신을 위해 제물을 차리고 제문을 지어 곡을 하면서 마치 자기 친척이 죽은 것처럼 슬퍼했다.

호남지역의 승려와 사찰은 모두 제사를 지냈다. 특히 승려 옥형은 전라좌수영 북쪽에 세워 이순신을 모시는 사당 충민사를 지키며 날마다 쓸고 닦았으며, 죽을 때까지 충민사를 떠나지 않았다.

조선 백성들은 그렇게 조용하고 혹은 소리 없이 슬퍼하고 흐느끼면서 이순신을 보냈다.

〈부록 1〉 이순신의 해전 상황

출전 횟수	해전명	일시	피해	
			조선	일본
제1차 (92. 5/4–9)	옥포해전	92. 5/7	부상 1명	42척 혹은 44척, 사상 6,920명
	합포해전			
	적진포해전	5/8		
제2차 (92. 5/29–6/10)	사천해전	5/29	사상 47 혹은 58명	66척, 9,240명
	당포해전	6/1		
	제1차 당항포해전	6/5		
	율포해전	6/7		
제3차 (92. 7/6–13)	한산도해전	7/8	사상 115, 134, 혹은 135명	76척 혹은 79척, 사상 12,940명 이상
	안골포해전	7/10–11		
제4차 (92. 8/24–9/2)	장림포해전	8/29	사상 31명	134척, 사상 800명
	부산포해전	9/1		
제5차 (93. 2/6–3/8)	웅포캠페인	2/10, 12, 18, 20, 22, 28, 3/6	2척, 사상 380명	20척, 사상 2,500명
제6차 (93. 5/7–7/14)	없음			
제7차 (94. 3/3–7)	진해해전	3/4	없음	31척 혹은 40척
	제2차 당항포해전	3/5		
제8차 (94. 9/ 27–10/8)	장문포캠페인	9/29, 10/1, 3, 4, 8	4척	2척
	어란포해전	97. 8/28	없음	없음
	벽파진해전	9/7	없음	불명
	명량해전	9/16	사상 73명	31척, 사상 18,466명
제9차 (98. 7/18–24)	절이도해전	98. 7/19	사상 30명	50척, 사상 16,667명
제10차 (98. 9/15–10/12)	왜교성캠페인	9/20–22, 10/2–4	–조선군 사상 360명 –명군 39척, 사상 2,500명	30척, 나포 11척, 사상 4,000명
제11차 (98. 11/9–19)	장도해전	11/13		
	노량해전	11/19	1 혹은 6척, 사상 300명	200척, 사상 53,333명

〈부록 2〉 이순신 연표

연도		나이	주요 사항
1545	인종 원	1	3월 8일(양력 4월 28일) 한양 건천동에서 덕수이씨 이정과 초계변씨의 셋째아들로 출생
불명			아산으로 이사
1565	명종 20		8월 보성군수 방진의 딸 상주방씨와 결혼
1566	21	22	10월 문과에서 무과로 전과, 무예수련 시작
1567	22	23	2월 장남 회 출생
1571	선조 4	27	5월 차남 열 출생
1572	5	28	8월 훈련원 별과 응시했다가 낙방
1576	9	32	2월 식년 무과에 응시하여 급제 12월 함경도 동구비보의 권관으로 부임
1577	10	33	2월 삼남 염 출생(후에 면으로 개명)
1579	12	35	2월 훈련원 봉사 부임 불명 병조판서 김귀영의 서녀를 첩으로 맞아들이길 거절 10월 충청병사 군관으로 부임, 병사의 사적 행동 지적
1580	13	36	7월 전라좌수영의 발포 만호로 부임 불명 전라좌수사 성박의 오동나무 벌목 지시를 거부 불명 전라좌수사 이용의 발포 만호영 불시 시찰, 허위 장계 불발 가을 전라감사 손식이 능성에서 진서와 진도를 시험
1581	14	37	12월 군기경차관 서익의 발포 만호영 검열, 무기 보수 미비죄로 파면 불명 이조판서 이율곡의 방문을 거절
1582	15	38	5월 훈련원 봉사로 재부임, 정승 유전의 화살통 요구를 거절
1583	16	39	7월 함경도 병마절도사의 군관으로 부임 10월 건원보의 권관으로 부임, 여진족 추장 울지내를 생포 11월 훈련원 참군으로 부임 15일 부친 사망
1584	17	40	1월 부친상으로 귀가, 휴관
1586	19	42	1월 사복시 주부로 발령 함경도 조산보의 만호로 부임
1587	20	43	8월 녹둔도 둔전관으로 겸임 발령 10월 여진족 기습, 함경병사 이일의 모함으로 파직 후 백의종군
1588	21	44	1월 시전부락 전투의 전공으로 백의종군 해제 윤6월 귀가하여 한거
1589	22	45	2월 전라도순찰사 이광의 군관 겸 조방장으로 부임 11월 선전관 겸임 12월 정읍 현감 겸 태인 현감으로 부임
1590	23	46	7월 고사리진 병마첨사로 발령 후 취소 8월 만포 수군첨사로 발령 후 취소
1591	24	47	2월 진도 군수 발령 후 취소 가리포 첨사 발령 후 취소 13일 전라좌도수군절제사로 부임

연도		나이	주요 사항
1592	25	48	3월 5일 좌의정 유성룡으로부터 병서 「증송전수방략」을 수령 27일 육상에서 거북선의 총통 발사 시험 4월 12일 해상에서 거북선의 총통 발사 시험 13일 일본군 부산 상륙, 임진왜란 발발 15일 경상좌수사 박홍의 공문을 접수하여 전란 발생 사실을 인지 5월 4-9일 1차 출전 7일 옥포 해전, 합포 해전 8일 적진포 해전 불명 가선대부로 승지 5월 29일 – 6월 10일 2차 출전 29일 사천 해전, 왼쪽어깨 부상 6월 2일 당포 해전 5일 제1차 당항포 해전 7일 율포 해전 불명 자헌대부로 승지 7월 4-13일 3차 출전 8일 한산도 해전 10일 안골포 해전 불명 정헌대부에 승지 8월 24일 – 9월 2일 4차 출전 29일 장림포 해전 9월 1일 부산포 해전(화준구미, 다대포, 서평포, 절영도, 부산포)
1593	26	49	2월 6일 – 4월 3일 5차 출전 10, 12, 18, 20, 22, 26, 3월 6일 웅포 공략전 5월 7일 – 7월 14일 6차 출전 7월 15일 본영을 여수에서 한산도 두을포로 이진 8월 1일 삼도수군통제사로 임명 윤11월 6일 비변사가 이순신의 추고를 요청
1594	27	50	3월 3-7일 7차 출전 4일 제2차 읍전포, 어선포, 시구질포 해전 5일 제2차 당항포 해전 4월 6 – 9일 통제영에서 무과 시험 실시 8월 25일 수군진 통폐합 9월 27일 – 10월 8일 8차 출전 29일, 10월 4일 장문포 공략전 10월 2일 영등포 해전 4, 6일 장문포 수륙합공 11월 12일 이순신과 원균의 갈등을 논의 시작
1596	29	52	6월 26일 대신들이 이순신과 원균의 불화에 대해 논의 윤8월 13일 – 9월 28일 도체찰사 이원익과 전라도 수군진 종합검열

연도	연도	나이	주요 사항
1597	30	53	1월 1일 부산 왜영 방화 사건의 포상을 요청하는 이순신의 장계 접수 2월 6일 체포 명령 시달 2월 26일 한산도에서 체포, 한양으로 압송 3월 4일 의금부에 투옥 4월 1일 출옥, 도원수 권율 밑에서 백의종군 명령을 수령 4월 11일 모친 사망 19일 아산 본가에서 백의종군지로 출발 7월 15일 칠천량 해전 7월 18일 칠천량 해전의 패전 소식 듣고 현장 답사 출발 21일 노량 도착 23일 삼도수군통제사 재임명 8월 3일 선전관 양호로부터 삼도수군통제사로 재임명 교지 수령 15일 보성에서 선조의 수군 폐지 명령을 거부 18일 회령포 도착 19일 배설로부터 12척의 전선을 인수 20일 회령포에서 이진으로 이진 24일 이진에서 어란포로 이진 28일 적선 8척을 갈두까지 추격, 어란포에서 장도로 이진 29일 장도에서 벽파진으로 이진 9월 7일 적선 13척의 주야간 기습을 격파 9일 적선 2척 추적 15일 벽파진에서 우수영으로 이진 9월 16일 명량 해전, 당사도로 이동 17일 어외도로 이동 19일 법성포로 이동 20일 위도로 이동 21일 고군산열도로 이동 10월 4일 법성포로 이동 8일 어의도로 이동 9일 우수영으로 이동 11일 안편도로 이동 14일 삼남 면의 전사 소식 전달 29일 목포 고하도로 이진 11월 17일 면사첩 하사
1598	31	54	2월 18일 고하도에서 고금도로 이진 7월 16일 명 수군 진린 도독의 함대와 연합함대 결성 18–24일 9차 출전 19일 절이도 해전 9월 15일 – 10월 13일 10차 출전 9월 19일 조선군이 사로병진에 참가 9월 20, 2, 22, 10월 2, 3, 4일 왜교성 공략전 11월 9–19일 11차 출전 9일 노량 해전의 승리, 전사(양력 12월 16일)

〈부록 3〉 조선시대의 추모 활동

사후 주요 사항

연도			주요 사항
1598	선조	31	11월 19일 유해를 고금도에 안치 12월 4일 의정부 우의정 추증
1599		32	2월 1일 아산 음봉 금성산에 장사
1601		34	전남 여수에 충민사 건립
1603		36	부하들이 여수에 타루비 건립
1604		37	6월 25일 의정부 좌의정 증직 및 선무공신 원훈 책록 교지 7월 덕풍부원군에 추봉 10월 선무공신 원훈에 봉함
1606		39	경남 통영에 충렬사 건립
1614	광해군	6	아산 음봉 어라산으로 이장
1615		7	전남 여수에 전라좌수영대첩비 건립
1628	인조	6	남해 노량에 초가사당 건립
1643	인조	21	충무공 시호 하사
1658	효종	9	남해 노량에 충렬사 건립
1661		12	남해 노량 가묘 설치
1688	숙종	14	해남 충무사에 명량대첩비 건립
1689		15	전북 정읍에 충렬사 건립
1690		16	전남 순천에 충무사 건립
1693		19	묘소에 이충무공신도비 건립
1706		32	아산에 현충사 건립
1707		33	4월 현충사 액자 사액
1712		38	전남 해남에 오충사(용정사) 건립
1714		40	전남 장흥에 반계사 건립
1722	경종	2	목포 고하도에 유허비 설립
1731	영조	7	함평에 월산사 건립
1739		15	한산도에 유허비 건립
1777	정조	1	녹둔도에 대첩비 건립
1781		5	전남 강진에 금강사 건립
1793		17	영의정 추증
1794		18	묘소에 어제신도비 건립
1795		19	이충무공전서 편찬
1832	순조	32	남해에 전몰유허비, 관음포에 이락사 건립
1847	현종	13	여천에 오충사 건립
1871	고종	5	전북 정읍에 유애사 건립